시작은 브롬톤

It started with brompton

일러두기

1. 자전거 브랜드 브롬톤에 관련한 용어는 브롬톤 사에서 공식적으로 쓰는 말로 표기하는 것을 원칙으로 하나, 경우에 따라 브롬톤 유저들이 일반적으로 쓰는 표현에 따랐다.
2. 패션, 브랜드, 스타일 등과 관련하여 널리 쓰이는 용어들은 국립국어원 표준국어대사전에 등재되어 있지 않더라도 일부 허용하여 사용했다.
3. 외국 인명, 지명은 국립국어원 '외래어 표기법'을 따르되 관용적인 표기와 동떨어진 경우 절충하여 실용적 표기를 취했다.

시작은 브롬톤

It started with brompton

블리 지음

프로젝트A

추천 서문

내가 브롬톤 사업을 시작했을 때, 누가 그렇게 작은 폴딩 자전거를 필요로 하겠느냐며 거의 모든 주변 사람들이 말렸다. 하지만 나에게는 다른 생각이 있었다.

브롬톤을 만들기 시작한 지 몇 년 지나지 않아, 나는 내가 생각한 것 이상으로 나 자신이 브롬톤에 의지하고 있다는 것을 그리고 브롬톤이 나의 삶을 바꾸고 있다는 것을 알게 되었다. 물론 디자인이 완벽하다고는 생각하지 않는다. 더 작게 접히고, 더 가볍다면 좋았을 테니 말이다. 하지만 지금 상태로도 충분히 라이딩을 즐길 수 있으며, 무엇보다 어디든지 휴대가 가능한 자전거라는 대단한 매력을 가지고 있다. 이것이 바로 브롬톤이다.

대부분의 사람들에게는 이런 것이 큰 의미가 없을 수도 있다. 그렇지만 브롬톤이 가지고 있는 가능성을 발견한, 상상력 넘치는 소수의 사람들에게 브롬톤은 없어서는 안 될 필수품이 되어 버렸다.

그것은 이 책의 저자인 블리에게도 해당된다. 『시작은 브롬톤』은 브롬톤을 통해 인생에서 새로운 발견을 해 나가는 한 청춘의 매력적이고 사랑스러운 이야기이다.

  나는 브롬톤의 개발자이자 엄청난 팬이며, 벌써 브롬톤을 30년 넘게 즐겨 온 유저이다.
  블리도 그녀의 브롬톤을 지금부터 30년 이상 즐길 수 있기를 바란다.
  독자들은 이 책 속에서 브롬톤을 소유함으로써 가능한 갖가지 재미들을 발견하게 될 것이다. 브롬톤을 타든 타지 않든 그 재미와 기쁨으로 조금 더 행복한 삶을 누릴 수 있기를 바란다.

브롬톤 개발자 앤드류 리치
Andrew Ritchie

프롤로그

아홉 번째 계절, 여전히 시작은 브롬톤

　브롬톤과 함께하는 순간은 늘 봄이었다. 봄처럼 설레는 첫 순간들을 앞에 두고 내가 머뭇거리며 망설일 때마다 휘익 봄바람이 불어왔던 것 같다. 그럴 때마다 늘 익숙한 손놀림으로 브롬톤을 접고 또 펼쳤고, 봄바람이 이끄는 곳으로 브롬톤과 함께 떠났던 것 같다. 마치 원래 그렇게 하기로 되어 있던 것처럼.
　조그마한 두 바퀴에 의지해 바라본 세상은 두 다리의 그것보다, 네 바퀴의 그것보다 경이로웠다. 그래서일까. 오래지 않아 브롬톤에 기대고 있는 나를 발견했다.
　나는 이미 어른이라 생각했는데, 안장 위에 앉아 돌아볼 때마다 난 조그맣고 떫은 열매에 불과했다. 브롬톤의 두 바퀴를 수없이 굴려 가며, 그 길 위에서 난 조금 더 자랐고 조금 더 깊어졌다.

브롬톤과 함께한 아홉 번째 계절 속 조금 더 깊어진 나와 조금 더 낡아진 나의 브롬톤.

브롬톤을 수없이 접었다 펼치는 동안 나의 세계는 늘 소란스러웠고, 이상하게도 난 그 소란함이 참 좋았다.

여전히 소란함 속에서 살고 있는 나와 브롬톤의 이야기를 들려주려고 한다.

어쩌면 당신의 이야기일지도 모를, 시작은 브롬톤.

차례

추천 서문
프롤로그

● **1 다리를 건너고 지하철과 버스를 갈아타고** — **012**

　　페달이 속삭인다, 잠시 앉아 가자고
　　TRAVEL with BROMPTON 부산 이토록 부산스러운 부산이라니 / 벚꽃 오프닝
　　INTERVIEW 손선희
　　INFORMATION on BROMPTON 브롬톤으로 점프하기

● **2 브롬톤이기에 가능한 지구상의 벗들** — **038**

　　친구를 만났어
　　TRAVEL with BROMPTON 뉴욕 내 브롬톤에게 안부를 / 빗속의 센트럴 파크 토요 라이딩
　　INTERVIEW 피터 유스카우스카스

● **3 수많은 풍경 가운데 오로지 자전거 풍경** — **064**

　　브롬톤과 함께 우리 역시 풍경이 되는 순간
　　TRAVEL with BROMPTON 브루클린 Tour de Brooklyn
　　INTERVIEW 강희정

● **4 나는 세 번째 주인입니다** — 084

시작했습니다, 브롬톤 라이프 / 블리의 시간
TRAVEL with BROMPTON 뉴욕 뉴욕 어반 라이딩
INTERVIEW 퀸턴 플린저
INFORMATION on BROMPTON About Brompton

● **5 우연과 모험으로 점철된 야외 생활** — 130

브롬톤에 몸을 싣고 오는 권말 부록
TRAVEL with BROMPTON 남해 날카로운 첫 브롬톤 캠핑의 추억
    강천섬 가을빛에 물들다, 강천섬
    춘천 당신과 나 사이, 브롬톤이라는 공통분모
INTERVIEW 최상원
INFORMATION on BROMPTON 브롬톤과 떠나는 캠핑

● **6 마이 스타일 그리고 타인의 취향** — 176

브롬톤과 아이덴티티
당신의 브롬톤은 캘리포니아 스타일인가요, 뉴욕 스타일인가요?
TRAVEL with BROMPTON 구례 두 바퀴로 가을을 살포시 지르밟다
INFORMATION on BROMPTON 브롬톤의 폴딩 3단계

7 휘청거리는 나와 균형 사이의 1센티미터 거리 — **192**

첫 만남, 아슬아슬하게 / 그리고 브롬톤과의 조우
TRAVEL with BROMPTON 제주 브롬톤과의 첫 비행 / 늦여름의 제주, 느릿느릿 라이딩
잠시 멈춤, pause / 우도에서 노닐다 / 두 겹의 섬 속, 제주 엔딩

8 세상에서 가장 우아한 미니벨로 — **234**

나의 오래된 친구, 브롬톤
INTERVIEW 범블비
INFORMATION on BROMPTON Made in London

9 오직 나의 힘으로만 — **248**

내가 움직이는 만큼만 움직이는 정직함
TRAVEL with BROMPTON 섬진강 서로 조금은 익숙해진 여섯 남녀의 라이딩, 라이딩
INTERVIEW 최지호

10 나를 믿어요 — **274**

내가 좋아지는 날, 그날의 브롬톤 / 무겁지 않아요, 정말로
TRAVEL with BROMPTON 경주 경주, 맑음
INTERVIEW 양지호

11 BWCK, 봄날의 브롬톤을 좋아하세요? — **296**

일 년에 하루, 브롬톤만의 세상
INTERVIEW 정인애 이상진
INFORMATION on BROMPTON BWC

12 이 도시에서 때로는 초속 5센티미터의 속도로 — **320**

두 바퀴로 걷는 일
TRAVEL with BROMPTON 서울 서울 어반 라이딩
INTERVIEW 박동영

13 눈 오는 날, 브롬톤은 접어 두고 배낭을 들쳐 메고 — **338**

겨울엔 아찔하게 백패킹

에필로그

BROMPTON
ORANGE

1

다리를 건너고

지하철과 버스를

갈아타고

자전거를 사라.
살아 있다면, 후회하지 않을 것이다.
- **마크 트웨인** Mark Twain

페달이 속삭인다,
잠시 앉아 가자고

　　브롬톤과 함께라면 그곳이 어디라도 즐겁지만 불현듯 이곳이 아닌 다른 곳으로 떠나고 싶어질 때가 있다. 익숙한 풍경을 벗어나 브롬톤도 나도 낯선 풍경으로의 여행을 꿈꾸는 순간, 브롬톤은 작게 몸을 웅크려 지하철 한 켠에 자리를 잡고 나는 웅크린 내 친구가 넘어지지 않게 지그시 발로 붙잡아 준다. 우린 그렇게 서로를 의지하며 덜컹거리는 지하철 안에서 균형을 잡아 본다. 일상생활과 취미 생활 가운데 균형을 잡아 가며 살아가려는 나의 의지와 같이, 그렇게.

　　때로는 전혀 예상치 못한 여행이 시작되기도 한다. 먼 곳으로 갈 때면 돌아갈 수 있을 만큼만 가 보자 생각하고 여정을 시작하지만, 생각지도 못한 지점에서 지쳐 버릴 때가 있다. 그렇게 나의 엔진이 멈출 때, 조금만 쉬어 가자는 브롬톤의 속삭임이 들려올 때 우리는 함께 주위를 둘러본다. 가까운 곳에 지하철역이나 버스 정류장이 있는지, 혹은 기차역이나 터미널이 있는지. 그리고 우리는 쉬어 간다.

　휴식처가 기차라면 차창 밖으로 빠르게 지나가는 나무, 작은 집, 논, 새 들을 보며 자연의 경이로움에 빠져들 수 있다. 휴식처가 지하철이라면 어두운 터널을 지나는 의자에 앉아 각자 휴대 전화에 몰두 중인 사람들 틈에서 차창에 비치는 내 모습을 - 곁에는 브롬톤이 얌전히 앉아있고 - 깊게 응시할 수 있다. 무엇이 되었든 호화롭기 그지없다.

　그래서일까. 대중교통 점프 뒤 페달링은 경쾌함 이상의 리듬과 에너지를 동반한다. 달콤한 낮잠을 자고 난 것처럼 한결 가벼워진 우리는 처음 보는 풍경을 향해 페달에 첫 발을 올리는 순간처럼, 몹시 설레는 마음으로 신 나는 라이딩에 나선다.

TRAVEL
with
BROMPTON

부산

이토록 부산스러운 부산이라니

내게 부산은 여러 번이었지만, 이토록 부산스러운 부산은 처음이었다. 지금껏 가 보지 못한 부산이었으며, 왁자지껄했다. 알게 된 지 이제 막 2주가 된 여섯 남녀와 여섯 대의 브롬톤이 함께한 참으로 부산하기 이를 데 없는 부산 이야기.

브롬톤을 타기 시작하고 한 달 남짓할 때였을까, 우연히 대중교통에 브롬톤을 싣고 여행하는 이의 사진을 보는데 이런 생각이 들었다.
'굳이 저렇게까지 해야 하나. 난 절대 저렇게는 못 할 거야.'

그랬던 내가, 어느 날, 브롬톤과 함께 부산행 KTX에 몸을 싣고 있었다. 그런데 아뿔싸, 자리가 문제였다. 맨 뒷자리인데도 브롬톤을 넣을 공간이 없어서 급한 대로 짐칸에 올려놓았는데, 그것이 화근이었다. 브롬톤을 지키고 있자니, 차차 목이 결려 왔다. 작은 자물쇠라도 챙겨 왔으면 좋았을걸. 준비 없이 무작정 출발한 브롬톤과의 여정은 이렇게 불안 가득 시작되었다. KTX의 통로 짐칸, 일반적인 그곳의 풍경이란 각종 트렁크와 배낭 등이 차곡차곡 쌓여 있고 몇몇 입석 구매자들이 서 있는 모습일 것이다. 그러니 그곳에 폴딩 상태의 브롬톤이 놓여 있는 생경한 풍경은 사람들의 눈길을 끌 만도 했다. 다른 이들은 그냥 '특이해서' '저게 뭔가 싶어서' 쳐다보는 것뿐인데, 그것뿐일 수도 있는데, 나는 자꾸 조바심이 났다. 2백만 원이 넘는 자전거 구입으로 내 인생 최대 지출을 한 직후였기 때문이었을까. 그래, 괜히 그랬던 것 같다. 그래봤자 내가 타고 다녀야 할 자전거일 뿐인데, 이래서야 내가 자전거를 타려고 산 건지, 모셔 두려고 산 건지 헷갈릴 정도다. 힐끗힐끗 브롬톤을 향한 누군가의 시선에 나의 불안함은 고조되었고, 중간중간 역에 들를 때마다 당장 내릴 사람처럼 짐칸으로 달려가 브롬톤을 사수하기 일쑤였다. 처음엔 몇 번 돌아보던 나의 고갯짓이 점점 기울다, 끝내는 옆으로 돌아 앉아 일직선으로 브롬톤을 지켜보는 정도가 되었다. 그때를 떠올리면 민망할 정도로 유난스러웠다, 정말.

    시작부터 이렇게 법석이었던 브롬톤과의 첫 여정은 불안함으로 가득해, 제대로 기차 여행을 즐길 새도 없었다. 숙소에 도착하자마자 나는 브롬톤을 고이 접어 침대 옆에 두었다. 그와 동시에 어마어마한 피로가 몰려들었고, 곧 대자로 뻗어 버린 나는 그렇게 여행 첫 날을 기차 여행도 브롬톤 라이딩도 아닌 불안을 동반한 수면 상태로 보내 버리고 말았다.

둘째 날, 부산 여행을 함께 하기로 한 친구들이 속속 숙소로 도착했다. 각자의 브롬톤을 한 대씩 대동하고 포부도 당당하게 부산에 입성했지만, 모든 것이 시작부터 순조롭지 않았다. 온통 익숙지 않은 것들투성이었다. 우리는 브롬톤과의 이동이 익숙지 않았고, 우중 라이딩은 더욱 익숙지 않았으며, 서로에게는 더더욱 익숙지 않았다. 부산에 도착한 우리를 맞이한 건 잔뜩 찌푸린 하늘과, 그칠 기미를 보이지 않는 세찬 비였다. 하지만 브롬톤과 함께한 첫 여행이었고, 지인의 결혼식과 각종 행사들을 뒤로하고 야심차게 서울을 떠나온 우리들인지라 이대로 숙소에만 앉아 있으려니 왠지 억울한 마음이 들었다. 우리의 이런 마음을 아는지 모르는지 야속한 빗줄기는 더욱 굵어지기만 하고. 에라, 모르겠다, 일단 나가자!

숙소를 박차고 나온 그 순간, '이래도 되는 건가' 하는 짧은 후회가 밀려들었다. 초보 브롬톤 유저들에겐 자신의 몸보다도 행여 브롬톤이 상할까 걱정되는 라이딩이었다. 가죽 브룩스 안장이 젖으면 어쩌나, 바퀴에 무리가 가면 어쩌나 걱정거리만 한가득했다. 게다가 우리는 또 얼마나 무모했는지, 길을 아는 사람도 하나 없었다. 하지만 이왕 그렇게 된 거, 우리는 순간을 즐기기로 했다. 가죽 브룩스 안장은 비닐로 칭칭 동여 메고, 휴대전화의 네이버 맵과 이정표에 의지하여, 우비를 입고 모자를 쓰고, 부산의 빗길을 달리기 시작했다. 숙소에 있었다면 어떤 모험도 없이 그저 후회만 있었을 거라 위안하며.

- 이야, 세차하고 좋네.
- 이따 말리면 괜찮겠지?
- 미끄럼 조심하자!

　서로를 의지해 가며 다독여 가며 시작된 부산 라이딩. 분명 목적지도 있었고, 계획도 있었지만, 그 계획이 실행될 리는 만무했다. 하지만 우리는 목적지보다도 '일단 달린 것'에 의의를 두었다. 비를 피하려고 들렀던 카페에서 마신 커피가 너무나 따뜻하고 맛있었기에 애초에 가려고 했었던 예쁜 카페와 맛집에 못 갔어도 괜찮았다, 정말.

　계획대로 된 것은 아무것도 없었던 하루였지만 숙소에 돌아와 함께 나누어 먹었던 떡볶이의 맛은 곁에 있는 사람들처럼 담백했고, 우비를 입고 달려가는 모습을 보고 눈사람 같다며 놀려 댄 누군가의 목소리는 벌써 추억을 부르는 스틸 컷이 되었다. 우리의 부산은 그렇게 비와 함께, 깔깔거리는 웃음소리와 함께 시작되었다.

벚꽃
오프닝

　세찬 비가 쏟아져 우리를 물에 빠진 생쥐 꼴로 만들었던 전날과 달리 봄 햇살이 강하게 내리쬐던 둘째 날, 전날의 눅진함을 지니고 있던 브롬톤에게도 우리 여섯 남녀에게도 광합성이 절실했다. 우린 분명 어제와 같은 곳을 지나고 있었지만, 풍경은 어제의 그것과 사뭇 달랐다. 아직 쌀쌀함을 머금고 있던 서울의 초봄 날씨에 맞추어 입고 온 겉옷은 따스한 남쪽 햇살 아래 도리어 덥게만 느껴졌다. 답답했던 겉옷을 벗어 던지고 나니 더욱더 가볍고 경쾌해진 페달링. 그리고 겨우 꽃봉오리만 고개를 내밀고 있는 서울의 풍경에 익숙해 있던 우리 앞에 펼쳐진 벚꽃 향연. 벚꽃이 피기엔 이른 계절에 생각지도 못한 벚꽃을 마주한 우리는 너 나 할 것 없이 멈추어 서서 두 눈에 마음에 카메라에 풍경을 담기 시작했다. 흐드러지게 만개한 꽃보다도 몽글몽글 부풀어 오르는 팝콘처럼 이제 갓 피기 시작하는 꽃망울이 더 예뻐 보이던 이른 봄날이었다.

　햇살과 벚꽃의 환영을 받고 힘이 난 우리는 좀 더 달려 보기로 했다. 서울로 가는 KTX 출발 시각까지는 네다섯 시간 정도가 남아 있었다. 그동

안 부산을 달려 보자!

 아슬아슬하게 부산 시내를, 조금은 상투적으로 해안 도로를, 우리는 달리고 또 달렸다. 온통 낯선 풍경들을 헤치고 우리가 무난히 라이딩을 즐길 수 있었던 것은 어쩌면 한강에서 단련된 브롬톤과의 호흡 덕분일 것이다. 한강에서도 부산에서도 브롬톤은 브롬톤.

 그러나 내 머리칼을 스치고 지나가는 바람결에 나는 이내 한강을 떨쳐 버리고 부산의 바다에 푹 빠져들었다. 해운대를 한 바퀴 돌고 광안리에 잠시 머무는 동안, 강에서는 만날 수 없는 바다 내음이 거칠고도 뜨거운 숨결이 귓가에 와 닿았다.

 햇살이 가득 내리쬐는 카페 테라스에 브롬톤을 세워 놓고 커피 한 잔의 여유를 즐기니, 어제의 폭우도 꿈결처럼만 느껴졌다. 나의 생체리듬에는 좀 이르게 느껴졌던, 따스한 남쪽 도시 부산의 햇살과 바람 그리고 흩날리던 벚꽃. 조금 이른 계절에 만나 어설프고 서툰 걸음을 내디디며 브롬톤과 함께 달렸던 우리 여섯 남녀는 이제 조금 친해져 있었다. 각자의 삶 속에서 각자의 라이딩을 즐기던 이들이 낯선 곳에서 만나 비슷한 속도로 서로에게 맞추어 나가는 법을 배우고 있을 때, 어디선가 미지근한 온도의 바람이 휙 불어와 우리를 감싸 안았다. 때 아닌 따스함에 모든 것이 참 괜찮게만 느껴졌다. 이것 또한 봄날의 설렘 탓일지도.

INTERVIEW

캠퍼에서 브롬톤 유저로

손선희
(35세, 회사원)
M6R WH / WH 2014

안녕하세요, 화이트 브롬톤과 정말 잘 어울리시네요. 브롬톤 유저가 되기 전의 이력이 독특하다고 들었어요.

브롬톤 유저가 되기 전에는 '스트라이다'라는 미니벨로를 타고 다녔습니다. 주로 동네 마실을 하거나 약간의 운동을 하려고 산 자전거였는데, 예쁜 디자인에 끌려 구입했던 스트라이다는 생각보다 유용하지 못했어요. 폴딩을 했을 때도 조금은 큰 부피감 때문에 이동에 부담이 되어 브롬톤으로 바꾸게 되었습니다.

오랫동안 캠핑을 하고 있던 터라 백패킹과 자전거 캠핑에 관심이 있었는데, 유럽인들의 브롬톤 캠핑 여행기를 읽고 나서 더욱 브롬톤의 매력에 빠져들었습니다.

스트라이다에서 브롬톤으로 넘어오는 유저 분들이 많은 것 같은데, 둘의 차이점에는 어떤 것이 있을까요?

스트라이다와 브롬톤은 같은 미니벨로이지만 폴딩 후 수납과 휴대성, 기어의 유무, 핸들링 등에서 분명한 차이가 있습니다.

제가 경험해 본 바 브롬톤은 식당이나 카페에서 완폴 후 테이블 아래 또는 의자 옆에 놔둘 수 있도록 허용이 되는 반면, 스트라이다는 폴딩 상태에서도 실내 출입이 제지되어 밖에 세워 두어야만 했습니다. 또한 스트라이다는 싱글 기어이다 보니 약간의 오르막에서도 페달링에 무리가 가는 반면, 브롬톤은 기어 조절로 인해 조금 더 편하게 오르막을 오를 수 있고요. 게다가 스트라이다의 핸들링은 브롬톤보다 민감해서 라이딩 중에 더욱 긴장을 해야 합니다.

이외에도 브롬톤은 짐받이와 다양한 종류의 프론트백이 있어 수납력 또한 우월합니다. 완폴 상태의 크기, 휴대의 용이성, 짐 싣기의 효율성 등 무엇을 따져 보아도 저는 브롬톤이 스트라이다보다 편리하게 느껴졌습니다.

오토캠핑을 하다가 브롬톤 캠핑을 하게 되었다고요. 오토캠핑과 비교했을 때 브롬톤 캠핑은 어떤 매력이 있나요?

처음 오토캠핑을 접했을 때는 크고 무거운 캠핑 장비들에 대한 거부감이 별로 없었습니다. 하룻밤을 자더라도 내 몸이 더 편할 수 있다면 조금 큰 장비라도 욕심을 냈던 것이 사실이지요.

하지만 여러 해 오토캠핑장을 다니면서 느낀 점은 많은 장비들로 인해 놓치고 있는 무언가가 있다는 것이었습니다. 큰 텐트와 편안한 장비들은 햇빛을 가려 주고 편안한 환경을 만들어 주기는 하지만 그 안락한 순간을 위해서는 너무 많은 노동이 필요했습니다. 세팅과 뒷정리 등에 소비하는 시간이 너무 길었거든요. 자연을 충분히 느낄 새도 없이 텐트 주변에서 시간만 보내다 집으로 돌아오면 2차 정리가 필요했습니다. 그러다 보니 점점 장비에 대한 스트레스가 생겼고, 오토캠핑을 즐길 수 없게 되었습니다. 그런 과정이 백패킹으로 입문할 수 있었던 계기가 된 것 같아요.

백패킹의 좀 더 경량화된 장비들은 시간을 절약해 주었고, 떠날 수 있는 장소의 범주가 넓어졌으며, 이는 약간의 불편함을 감수할 수 있을 만큼 큰 매력으로 다가왔습니다. 특히 자전거와 캠핑 둘 다 좋아하는 사람들에게 브롬톤 캠핑은 자전거에 배낭을 싣고 바퀴를 굴리며 자연을 만끽할 수 있다는 점이 큰 매력이 아닐까 싶습니다.

브롬톤은 우수한 폴딩 능력을 자랑하는데, 완폴 상태의 브롬톤을 여자가 들기에 무겁지 않나요?

가끔 생각보다 가볍다고 느끼지만 사실 평소에는 무겁습니다. 하지만 이동 시 편리성을 생각하면 13~14킬로그램이 부담스러운 정도는 아닙니다. 특히 완폴 상태로 대중교통 점프까지 가능한 이동성을 생각한다면 그 어떠한 자전거보다 편리합니다.

브롬톤으로 두 번이나 제주 일주를 했다고요. 인상 깊었던 지역이나 에피소드가 있다면 들려주세요.

첫 번째 제주 여행은 출발 전부터 사건의 연속이었습니다. 여자 셋이 철저하게 준비하고 간 여행이 아니었기에 브롬톤을 패킹하는 방법부터 헤맸어요. 공항에서 6일 치의 짐이 들어 있는 T백과 브롬톤을 양쪽 어깨에 짊어지고 전력 질주를 하기도 했는데, 나중에 보니 셋 다 어깨에 멍이 들어 있더라고요. 미리 예약해 둔 게스트하우스들의 동선이 자전거 일주 방향과 반대로 되어 있어서 역주행으로 일주를 해야만 했고, 추석 연휴라 모든 가게들이 문을 닫아서 사흘 동안 편의점에서 저녁을 때워야 했습니다. 모든 게 엉망이었지만, 그래도 좋았어요.

두 번째 제주 여행은 무리한 일주보다는 한 지역을 여유롭게 즐기고 오자는 마음으로 가장 좋아하는 동제주 쪽에만 머물렀습니다. 아름다운 세화 해수욕장과 월정리를 지나 김녕항까지. 눈앞에 펼쳐진 바다를 바라보며 따뜻한 바람이 내 몸을 살짝 밀어주듯 바람에 기대어 페달을 밟고 달릴 때의 느낌이란!

제주도의 포근한 품에 안겨 있는 것 같은 착각이 들 정도로 행복했던 해안 도로 라이딩이 가장 기억에 남습니다.

브롬톤과 함께 떠난 곳 중 가장 기억에 남는 장소가 있다면 어디인가요?

일본 홋카이도의 삿포로와 오타루 운하입니다. 우연한 기회에 홋카이도 캠핑을 접하게 되면서 여행을 결심했는데, 일정을 보니 삿포로 시내 구경 시 브롬톤으로 이동해도 무리가 없을 것 같았어요. 그래서 일본까지 배낭과 브롬톤을 함께 가지고 가게 되었습니다.

미나미오타루 역에서는 브롬톤 패킹에 대한 자세한 안내문이 따로 붙어 있는 걸 보았는데, 무척 인상적이었어요. 우리나라와는 다르게 브롬톤이 더욱 널리 알려져 있는 것 같아 부럽기도 했습니다. 달리는 지하철에서 바라본, 푸른 바다가 펼쳐진 풍경은 얼마나 아름답던지 넋 놓고 구경할 수 있었고요.

해질 녘 오타루 운하에서 아름다운 석양과 함께 짙어지는 강가를 바라보았던 기억이 아직도 생생합니다.

블랙백 속 포기할 수 없는 알록달록 컬러 아이템이 가득

1_ 브롬톤 초기 백으로 출시되었던 클로스 패니어백

2_ 휴대용 접이식 의자

3_ 지갑처럼 사용하는 파우치. 일본에서 구매하였는데 아마도 네팔에서 제작했다는 걸로 기억한다. 한 땀 한 땀 정성이 담긴 자수가 참 예쁘다.

4_ 컬러풀한 색감이 좋아 소지품을 넣고 다니는 용도로 사용하는 파우치

5_ 라이딩의 순간을 담기 위해 카메라는 항상 가지고 다닌다.

6_ 강한 자외선에 대비하는 여성 라이더의 필수품. 자외선 차단제는 휴대하며 수시로 덧발라 준다.

7_ 가지고 다니면 은근히 유용하게 쓰이는 일명 '맥가이버 칼'

브롬톤으로
점프*하기

브롬톤은 '세상에서 가장 작게 접히는
미니벨로'라는 명성에 걸맞게 '점프' 능력도
탁월하다. 자전거만으로 가기에는
너무 먼 거리를 이동해야 할 때,
라이딩 도중 갑작스레 기상이 악화되었을 때,
돌아가려고 보니 체력이 고갈되어
더 이상 자전거를 탈 수 없을 때,
자전거로 이동하기 어려운 코스를 만났을 때,
여행지에서도 대여 자전거가 아닌
나만의 자전거를 타고 싶을 때 등등
브롬톤의 점프 능력은 다양한 순간에
그 빛을 발한다.

브롬톤 점프로 많이 이용되는 교통수단은
단연 지하철이다. 주말을 제외한 평일에는
자전거 소지 불가지만, 브롬톤 같은
폴딩 자전거는 완폴*상태로 1년 365일
아무런 제한 없이 탑승 가능하다.
승용차로 이동할 때도 완폴하면 트렁크
또는 뒷좌석에 충분히 실을 수 있고,
비행기를 이용할 때는 안전하게 박스 포장하여
일반 수하물과 같이 부칠 수 있다.
(단, 항공사에 따라 '레저 요금' 등의 항목으로
추가 요금이 발생할 수 있다.)

★**점프** 브롬톤을 3단으로 폴딩하여
다른 교통수단을 이용해 이동하는 방법을 일컫는다.

★**완폴** 3단으로 완전 폴딩하여 접힌 상태

BROMPTON
BERRY CRUSH

2

브롬톤이기에

가능한

지구상의 벗들

자전거는 인류 최고의 발명품이다.
- **윌리엄 사로얀** William Saroyan

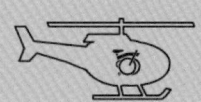

친구를 만났어

왜 어른이 되면 친구 사귀는 것이 어려운 걸까? 아무것도 모르던 어린 시절엔 쉬웠던 것 같은데, 왜 어른이 되어 갈수록 누군가를 사귀는 것이 어렵고 불편하게만 느껴지는 것일까. 먼저 손 내밀고 같이 놀자 말하면 그만이었던, 아무런 계산이 없던 그 시절은 왜 이리도 빨리 자취를 감춘 것일까.

언젠가부터 새로운 친구를 사귀는 것이 피곤하게만 느껴졌다. 사람에게 상처받는 일이 늘었고, 모든 사람이 내 맘 같지 않다고 느끼게 되는 일들도 반복되었다. 그러다 보니 새로운 사람이 다가오지 못하도록 내 둘레로 보호막을 치는 일이 많아졌는데, 그 보호막 안은 제법 안전했다. 보호막 안에서 관계를 한정적으로 정리해 가면서 점점 새로운 것에 대한 호기심도 줄어들었다. 안전한 만큼 지루했던 서글픈 시절들이었다.

단단한 보호막을 해제하기 시작한 것은 브롬톤을 타고부터다. 브롬톤이라는 공통의 관심사를 가진 사람들 앞에서 나는 사람에 대한 경계를 풀기 시작했다. 이젠 그렇게 보기 어려운 자전거도 아니건만, 브롬톤만 보면 그저 반갑고 무장해제 상태가 되고는 했다. 내가 애정을 갖고 있는 대상에 대한 무한한 신뢰 때문일까. 동호회를 통해 날이면 날마다 새로운 사람들을 만나기 시작했는데, 브롬톤이라는 강력한 공통분모 덕분에 그들이 전혀 낯설게 느껴지지 않았다. 브롬톤을 타는 사람이라면, 활동적이고 새로운 것에 대한 도전을 두려워하지 않으며 자신의 삶을 즐길 줄 아는 사람일 것이라는 나만의 믿음이 있기 때문이었다. 나이, 성별, 직업, 국적을 떠나 오로지 브롬톤이라는 연결 고리 하나만으로도 친구가 될 수 있다는 것은 내게 새로운 세상이었다.

  일상 속에서 늘 여행을 꿈꾸지만, 여행을 하면서는 정작 낯섦에 대하여 경계를 하게 되는 우리. 일상과 여행의 순간을 모두 함께할 수 있는 브롬톤은 여행지에서는 낯섦의 색을 옅게, 일상에서는 지난 여행의 기억을 짙게 채색해 준다.

  그래서일까. 브롬톤을 타고 바라보는 세상이 얼마나 아름다운지 아는 이들과는, 브롬톤을 타고 먼 곳으로 여행을 떠나 본 적이 있는 이들과는, 그러니까 금세 친한 친구가 되어 버리고 마는 그들과는 브롬톤에 대한 수

다를 떠는 현재진행형의 순간에도 마음 한 구석에 이미 그리움이라는 낱말이 끼어들고 만다.

더없이 활기찬 브롬톤의 페달 곁에는 늘 작은 그리움이 함께 달리고 있다.

TRAVEL
with
BROMPTON

뉴욕

내 브롬톤에게
안부를

　우연이었다, 그건. 뜻밖의 만남이 여행의 순간을 바꿔 놓게 된 이 이야기의 중심에 자리하고 있는 건 한 대의 브롬톤.

　한창 브롬톤의 재미에 빠져 있던 시절, 미국으로 여행을 가게 되었다. 여행지에서 나는 늘 뚜벅이였지만 브롬톤을 만나고서 두 발로 걷는 것보다 두 바퀴로 달리는 즐거움에 빠져 있던 터라 한국에 두고 온 브롬톤이 무척 그리웠다.

　보스턴에서 뉴욕으로 가는 메가 버스 안에서 뉴욕 일정을 짜고 있던 때였다. 자유의 여신상, 타임스스퀘어 등등 뉴욕의 관광 명소들을 둘러볼 생각에 들떠 있던 중 불현듯 어느 사이트에서 우연히 보았던 뉴욕시티휠즈NYCeWheels의 이름이 떠올랐다. '맞다, 뉴욕에 있다고 했는데. 어디인지 찾아볼까?' 메가 버스 안, 끊겨 가는 와이파이를 부여잡고 기어코 뉴욕시티휠즈의 위치를 찾아내고야 만 그 순간의 두근거림이란! 브롬톤을 처음 샀을 때, 폴딩 연습용으로 즐겨 보았던 유튜브 영상의 주인공 피터가 있는 그곳 뉴욕시티휠즈. 영상으로만 보던 그를 실제로 만날 수 있게 되는 걸까? 뉴욕에 발을 디딘 순간 나는 뭐든 할 수 있을 것만 같은 근거 없는 자신감에 가득 차 있었으나 피터를 떠올린 뒤로 머릿속이 새하얘졌다. 만나서 무슨 얘기를 어떻게 해야 하지?

뉴욕시티휠즈가 있는 요크 애비뉴$^{York\ Avenue}$★는 생각보다 숙소와 거리가 멀었다. 초행인 주제에 뉴요커인 양 잔뜩 여유를 부리는 바람에 장장 한 시간 반이나 걸려 도착했는데, 매장 앞에 걸려 있는 노란 브롬톤을 보자니 너무 반가워 눈물이 날 뻔했다. 제대로 찾아왔다는 기쁨과 더불어 타지에서 고향 친구를 만난 듯한 안도감이 동시에 밀려들었다.

매장 안을 빼곡하게 채우고 있는 자전거들 가운데 왜 반짝이는 자전거가 브롬톤뿐이었을까. 그래도 내 눈에는 오직 브롬톤만이 우아한 자태로 매장을 빛내고 있는 것처럼 보였다. 생경한 듯 익숙한 매장을 둘러보고 있자니, 이곳의 미케닉이자 CEO인 피터가 말을 걸어 왔다. 몇 마디 나누지 않고도 우리는 브롬톤 유저라는 공통점 하나만으로 금세 친구가 되었다. 피터가 말했다. 다음 날은 뉴욕시티휠즈의 토요 정기 라이딩이 있는 날이라고.

- Are you join it?

★**뉴욕시티휠즈**는 2016년 1월, 매장을 옮겼다.

- of course!

이어서 피터는 브루클린에서 열릴 'Tour de Brooklyn'에도 참여해 보지 않겠느냐고 물었다.

- 브루클린 라이딩? 정말 멋지다. 나도 참여하고 싶지만, 아쉽게도 내 브롬톤 은 한국에 있어.
- 괜찮아, 브롬톤은 우리가 빌려줄게.
- 와우!

이렇게 뉴욕시티휠즈와의 인연이 시작되었고, 자칫 평범할 수 있었던 뉴욕 여행이 브롬톤으로 인해 특별한 추억으로 물들어 가고 있었다. 화려한 뉴욕 한복판 외로운 이방인의 마음 한구석이 브롬톤 덕분에 온기를 머금게 되었다. 용기 내어 뉴욕시티휠즈에 가지 않았다면 일어날 수 없었을 일들. 그 용기를 내도록 나를 북돋아 준 것은 오로지 브롬톤이다. 낯선 나날들 가운데서 새 친구를 만나게 해 준 나의 벗, 브롬톤. 먼 곳에서 브롬톤을 만나고 보니 울컥, 여행지에서 가족 생각이 나듯 한국에서 나를 기다리고 있을 나만의 브롬톤이 그리워졌다.

빗속의 센트럴 파크
토요 라이딩

뉴욕시티휠즈의 토요 라이딩 당일, 아침부터 추적추적 비가 내리기 시작했다. 부산 이후로 우중 라이딩은 다시 하지 않겠다고 다짐했는데 뉴욕에까지 와서 또 비를 맞아야 했다. 혹시 비가 많이 오면 취소되는 건 아닐까, 전화를 해 봐야 하나, 이런저런 걱정이 들었다. 만약 취소되지도 않았는데 내가 연락도 없이 가지 않게 된다면……. 며칠 전 친구가 된 피터의 실망한 얼굴이 떠올랐다. 게다가 이곳은 타국이 아닌가. 괜한 애국심까지 솟구치며 오기가 발동했다. 에잇! 비가 오더라도 일단 가 보자.

따스한 라떼 한 잔과 베이글로 허한 속을 달래고, 센트럴 파크를 가로질러 뉴욕시티휠즈로 향하는 길. 계획대로라면 오늘 브롬톤으로 이곳 센트럴 파크와 뉴욕의 명소를 달리게 될 텐데, 야속하게도 비는 그칠 듯 말 듯 애매한 얼굴로 나를 약 올리고 있었다. 그래, 가 보자. 어떻게든 되겠지.

뉴욕시티휠즈에 도착하니, 좁고 기다란 매장 안이 사람들로 북적이고 있었다. 이 사람들이구나, 오늘 나와 함께 라이딩 할 이들이. 서양인이 대

다수에 나를 포함한 네 명의 동양인까지, 총 열두 명의 인원이 토요 라이딩을 위해 모였다. 나를 제외한 세 명의 동양인은 중국인 가족인 것 같았고, 나머지 서양인들은 일행인지 삼삼오오 모여 낄낄대고 있었다. 매장 안은 많은 사람들로 북적였지만, 어쩐지 나 혼자 외딴 섬이 된 것 같은 외로움이 밀려들었다. 말도 통하지 않는 데다 비까지 내리는 뉴욕의 작은 공간이 그 순간만은 한없이 쓸쓸하게만 느껴졌다. 심지어 나를 힐끔 쳐다보며 자기들끼리 속닥거리는 덩치 큰 서양인들 무리에서 러시아 어 혹은 스페인 어로 추정되는 생경한 언어가 들려왔다. 못 알아듣겠으니 더욱 깊어지는 오해. 한국에서 함께 라이딩 하던 나의 친구들이 그리웠다.

  창밖은 한바탕 폭우가 쏟아지고 나서 빗줄기가 소강상태를 보이고 있었지만, 열두 명의 인원이 우중 라이딩을 하기엔 애매한 날씨였다. 창밖을 한참 두리번거리며 고민하던 뉴욕시티휠즈의 미케닉이 밖으로 나가더니, 이내 우리를 불렀다. 달리기로 했나 보다! 웅성웅성 모여 있던 우리는 오늘 라이딩에 대한 설명을 듣고, 각자 한 대씩 브롬톤을 배당받았다. 어쩐지 승부욕이 생긴 나는 한국에서보다 더 능숙한 손길로 브롬톤을 펼쳐 보였다. 무심한 듯 빠르고 정확한 손길로 착착 브롬톤을 펼치고 의기양양하게 주위를 둘러본 나. 역시나 주변은 의외라는 눈길로 나를 바라보는 이들과 그럴 틈도 없이 브롬톤을 어찌할 줄 몰라 낑낑대는 이들, 이렇게 반

반의 부류로 나뉘어 있었다. 특히 아까 나를 보며 속닥거리던 일행들이 가장 헤매고 있었기에, 그들에게 다가가 능숙한 손길로 브롬톤을 펼쳐 주었다. 실수하지 말자, 실수하지 말자 되뇌며. 다행히 실수는 하지 않았고, 이후 세 대의 브롬톤을 더 펼쳐 준 뒤 우리는 라이딩에 나섰다. 원래의 라이딩 코스는 센트럴 파크를 지나 뉴욕의 명소들을 한 바퀴 돌고 오는 것이었는데, 그날은 비가 오는 바람에 센트럴 파크만 돌고 오기로 했다. 아쉬웠지만 그래도 취소되는 것보다는 나았다.

 드디어 센트럴 파크로 진입한 우리는 뉴욕의 빌딩 숲 속에 당당하게 자리 잡은 화창한 공원을 브롬톤으로 달리기 시작했다. 여전히 내리다 말다를 반복하는 비 때문에 옷은 조금씩 젖어 왔지만, 그래도 괜찮았다. 아니, 오히려 더 가뿐한 기분이었다. 비가 온 덕분에 센트럴 파크의 자전거 길은 정말이지 횅할 정도로 한산했고, 나는 그렇게 뻥 뚫린 길을 시원하게 내달렸다. 우리가 지나는 곳마다 촤라락 빗물이 튀었지만, 그래서 신발이고 바지고 다 젖어 엉망이 되었지만, 이상하게 기분은 점점 좋아졌

다. 정확히 표현하기 어려운 상쾌함과 아찔함, 금지된 행동을 할 때의 짜릿함이 느껴졌고, 그 짜릿함을 함께 나눈 이들과는 동지애가 피어올랐다.

센트럴 파크 한 바퀴를 돈 뒤, 선두를 달리던 뉴욕시티휠즈의 미케닉이 물었다.

- 비가 더 올 것 같은데, 이만 들어갈까요, 아니면 좀 더 달릴까요?

그러자 우리들은 누가 먼저랄 것도 없이 "더 달려요!" 하고 외치며 신 나게 페달링을 계속했다. 따스한 햇살을 받으며 샤방샤방하게 센트럴 파크를 달릴 것이라는 상상과는 전혀 다른 빗물 가득 질척질척한 현실이었지만, 우린 어느 때보다 즐거웠고 해방된 기분을 느낄 수 있었다. 서로의 망가진 모습을 사진으로 담으며 함께 달린 순간, 낯선 이들은 언어의 장벽을 뛰어넘어 친구가 되어 있었다.

돌아오는 길, 아쉬움에 어느 누구도 브롬톤에서 내릴 생각을 하지 않았고, 우리는 그렇게 동네 몇 바퀴를 뱅뱅 돌다 뉴욕시티휠즈로 복귀하였다. 헤어질 때 인사하며 더듬더듬 영어로 자신을 설명하던 남자 한 명이 자기는 러시아 브롬톤 클럽 회원이며, 이렇게 뉴욕에 와서 브롬톤을 타게 되어 영광이라고 자신의 브롬톤과 함께 찍은 사진을 보여 주었다. 나도 그에게 내 브롬톤 사진과 더불어 브롬톤과 함께 여행 다닌 사진들을 보여 주며 대화를 나누었다. 그러자 우리 주변으로 사람들이 모여들며 서로 자신의 브롬톤, 그리고 브롬톤과 함께한 일상을 보여 주기 시작했다. 서로 말은 잘 통하지 않아도 브롬톤이라는 공통분모 하나만으로 웃고 떠들 수 있었던 시간. 어쩌면 단 한 번도 마주칠 일이 없었을 러시아, 스페인, 중국 등지에서 온 이들과 브롬톤을 매개로 뉴욕에서 만나 이렇게 같은 시간을 나누고 잠시나마 따뜻한 인연을 맺었다는 것. 가슴 속에서 따뜻한 무언가가 뭉클 솟아올랐다. 헤어질 때 우린 눈빛으로 마음을 나누고, 진심을 담은 악수로 마지막 인사를 했다.

처음 만날 때 동양인 여자애라고 무시당하지 않으려 어깨에 잔뜩 들어가 있던 힘이 쭈욱 빠져나갔다. 돌아보니 서로가 피차 낯설기는 마찬가지였다. 우리는 모두가 익숙해졌나 싶다가도 낯선 것이 불쑥불쑥 튀어나와 언제나 긴장하고 있을 수밖에 없는 이방인들이었다. 브롬톤으로 서로 마음 한 쪽씩을 내어 주며 뉴욕이라는 낯선 땅에서 동지가 되었던 그들과 헤어지고 돌아오는 길, 고개를 젖히고 보니 야속하게도 하늘이 맑아져 오고 있었다. 웃음이 났다. 또 브롬톤이 나를 예상치 못한 길 위로 이끌었구나. 구름 뒤로 브롬톤과 함께할 앞으로의 내 인생이 숨겨져 있는 것 같아, 또 웃음이 났다.

INTERVIEW

뉴요커의 각별한 브롬톤 사랑

피터 유스카우스카스 Peter Yuskauskas
(27세, 뉴욕시티휠즈 CEO)
S2E RL / RL, S2E RD / TI

자기 소개 부탁해요.

이름은 피터 유스카우스카스^{Peter Yuskauskas}. 27살이고, 2010년부터 자전거 업계에서 일하기 시작했습니다. 2012년부터 뉴욕시티휠즈 매니저로 일했고, 2013년에 CEO가 되었습니다. 특기는 보트 타기, 3D 프린터로 제품 디자인 및 모델링 하기, 그림 그리기, 튜닝 등입니다.

뉴욕시티휠즈 매장 입구에 브롬톤이 전시되어 있는 것이 인상적이었는데요. 뉴욕시티휠즈는 브롬톤 전문 매장인가요?

뉴욕시티휠즈는 브롬톤뿐만 아니라, 미니벨로를 중심으로 다양한 자전거를 취급하고 있어요. 하지만 브롬톤은 두말할 것 없이 우리가 가장 좋아하는 자전거입니다. 우리는 미국에서 가장 큰 브롬톤 판매처이고 여기에

서 일하는 이들 모두 브롬톤 유저입니다. 저는 두 대의 브롬톤을 가지고 있지요. 우리는 브롬톤 모임을 아주 좋아하고 다른 브롬톤 유저들이 우리 가게 주변에 모일 수 있도록 많은 이벤트를 열려고 노력하고 있습니다.

뉴욕시티휠즈에서는 정기적으로 브롬톤 라이딩을 하는 것으로 알고 있습니다. 특히 브롬톤을 항상 구비해 두고, 시운전은 물론이며 정기 라이딩에도 무상으로 제공하는 점이 인상적이었습니다. 저도 참여해서 즐거운 시간을 보냈는데, 이것을 시작하게 된 계기가 있나요?

네, 뉴욕시티휠즈에서는 매주 토요일 브롬톤과 함께하는 무료 투어가 있고 일 년에 몇 번은 뉴욕 시 도심이나 브루클린 투어를 하고 있습니다. 우린 뉴욕 시내에서 최고의 브롬톤 모임을 만들고 싶고, 또 우리가 진행하는 멋진 이벤트를 전 세계에 널리 알리고 싶습니다. 우리는 행사가 있을 시 브롬톤을 무료로 제공하고, 브롬톤 라이더들을 위한 파티를 열죠. 그렇게 우리는 다른 사람들과 어울려 우리가 사랑하는 브롬톤을 같이 타면서 즐거운 시간을 보내는 겁니다. 앞으로 점점 더 많은 사람들이 함께하길 바랍니다.

미케닉의 관점에서 바라보는 브롬톤의 장점과 단점에 대해 말해 주세요.

브롬톤은 많은 장점이 있어요. 접는 방법도 기가 막히고, 삼등분으로 접을 수 있으며 완전 폴딩하면 엄청 작아지죠. 다른 폴딩 자전거는 이등분으로 접는 방식이라 이렇게까지 작아질 순 없어요. 브롬톤의 바디는 고품질의 철을 납땜하는 방식으로 만들어집니다. 이게 정말 큰 차이인데, 일반적인 폴딩 자전거들은 납땜이 아닌 용접하는 방식으로 바디가 만들어지거든요. 납땜 방식은 이음새에 황동을 녹여서 연결하면 황동이 강력 본드 역할을 하며 두 개의 철을 붙이는 겁니다. 용접 방식은 두 개의 금속을 이을 때 각자 끝부분을 녹여서 서로 붙여 식히는 건데, 이 금속을 녹여서 붙인 곳이 사실 약합니다. 그런데 납땜 방식은 황동 두 개를 연결할 때 풀과 같은 역할을 하기 때문에 연결 부분이 보다 강하죠. 이 작업을 통해 연결 부위가 더 견고해지는 겁니다. 브롬톤은 오직 하나의 자전거 프레임을 가지고 있고, 그 프레임은 항상 더 강하게 더 완벽하게 만들어집니다. 이게 브롬톤이 기가 막히게 멋진 이유 중 하나죠.

브롬톤이 좋은 이유에 대해 더 궁금하다면 아래 유튜브 비디오 영상을 봐주세요.

NYCeWheels
353 E 58th st
New York, NY 10022

뉴욕시티휠즈에서 제작한 전기 브롬톤도 인상적이었습니다. 왜 만들게 되었나요?

우리는 브롬톤에 다른 기능을 추가하는 걸 좋아합니다. 그게 우리가 전기 브롬톤을 만든 이유죠. 모터 전원을 추가해서 사람들이 출퇴근길에 땀 흘리지 않고 쉽게 탈 수 있도록 만들었습니다. 우리는 전기 브롬톤이 라이더들에게 더 행복하고 즐거운 라이딩을 선물했다고 생각합니다.

당신이 유튜브에 올린 동영상을 보고 폴딩 연습을 했다는 한국 브롬톤 유저들이 많다는 거 알고 있나요?

저는 그렇게 많은 한국 팬이 있는지 몰랐어요. 정말 으쓱해지고 기분 좋네요. 알려 줘서 고마워요.

그만큼 한국 브롬톤 유저들이 당신의 영상을 즐겨 보고 있습니다. 한국 브롬톤 유저들과 이 책의 독자들에게 한 말씀 해 주세요.

브롬톤을 타며 당신의 삶을 바꾼 것을 축하해요! 저는 날마다 뉴욕 시에서 브롬톤을 타고 제가 가고 싶은 곳을 다니고 있습니다. 저는 블리를 통해 많은 한국 팬이 내 비디오를 본다는 사실을 알게 되었어요. 정말 기쁩니다. 멀리 한국 유저 분들이 우리가 이 엄청난 자전거를 세상에 알리기 위해 고생해서 올린 자료를 함께 보고 있다는 생각에 뿌듯해지네요. 항상 모험을 즐기고, 안전하게 라이딩 하고, 인생을 즐기세요. 브롬톤과 함께!

BROMPTON
TURKISH GREEN

3

수많은

풍경 가운데

오로지

자전거 풍경

자전거를 탄다는 단순한 즐거움에
비할 수 있는 것은 아무것도 없다.
- **존 F. 케네디** John Fitzgerald Kennedy

브롬톤과 함께
우리 역시
풍경이 되는 순간

언젠가부터 계절의 경계가 모호해졌다. 특히나 봄과 가을의 시간은 더욱 짧아져, 계절을 만끽할 새도 없이 스르륵 지나가 버리고는 한다. 아침저녁으로 날마다 집 밖으로 나가지만, 왜 계절의 참맛은 지나가 버리고 나서야 아쉬움으로 남는 건지. 계절마다 바뀌는 바람과 햇살을 느낄 새도 없이 우린 바삐 지나가고, 어디론가 들어가 버리고, 조그맣게 나 있는 창을 통해서만 풍경을 바라보며 사는 건 아닌지. 버스, 지하철, 자동차, 사무실, 카페, 백화점, 마트……. 그 속에 앉아 바라보는 것이 진짜 계절의 풍경이 맞는 것일까? 춥거나 덥거나 딱 두 가지밖에 느낄 수 없는 도시생활자들의 계절.

브롬톤을 타고서 나는 조금 달라졌다.

바람이 불면 그 바람에 몸을 맡겨 보고, 햇살 눈부신 날에는 눅눅해진 마음까지 쨍쨍하게 말려 보려 애쓴다. 종종 걸음으로 바쁘게 걸어가는 사람들 사이에서 나는 브롬톤과 함께 나만의 속도로 달려 본다.

회색 빛깔 가득한 빌딩 숲 속에서 브롬톤과 나는 서로의 속도에 맞추어 도시의 풍경을 만들어 간다. 위험천만한 대로를 지나 나와 브롬톤이 안전하게 달릴 수 있는 소로를 찾아 달릴 때면 그제야 계절은 우리를 맞아 주며 제 색깔을 내보인다. 브롬톤에 올라앉아 바라보는 세상은 걸을 때보다 조금 빠르고 시원하며, 차를 탈 때보단 조금 더 경쾌하고 따사롭다. 바

람이 불면 부는 대로 햇살이 내리쬐면 쬐는 대로 사계절 브롬톤을 탄다는 것은 계절의 변화를 온몸으로 맞이할 준비가 되어 있다는 것. 네 가지 풍경의 계절 속에서 브롬톤을 타다 보면 때론 시원하고 때론 뜨겁지만, 마음의 온도는 늘 상쾌함으로 귀결된다. 그러기에 쉽사리 브롬톤의 안장에서 내려오기 어려운 것이겠다, 어떤 계절에도.

 이렇게 계절의 변화를 온몸으로 느낄 수 있는 브롬톤과 함께라서, 참 다행이다.

TRAVEL
with
BROMPTON

브루클린

Tour
de
Brooklyn

　이곳이 아닌 저곳으로 가면, 늘 뜻하지 않은 일들이 펼쳐지고는 한다. 우연은 우리 일상 곳곳에 숨어 있다가 불현듯 날아오는데, 그럴 때 두 팔 벌려 우연을 맞이하느냐 못 본 체 지나치느냐 선택의 기로에 놓인다. 언젠가부터 난 이렇게 불현듯 예고 없이 찾아오는 우연을 맞이할 때 마음의 빗장을 활짝 열기 시작했다. 분명 여행이든 일상이든 우연이 찾아오면 계획은 무너져 버리기 일쑤지만 그보다 더 재미난 일들과 좋은 사람들이 선물 꾸러미처럼 다가온다는 걸, 난 알고 있기에. 뉴욕시티휠즈와의 만남 뒤 우연처럼 이어진 브루클린 라이딩이 그러하지 않았던가.
　뉴욕에 머물던 그때 나는 혼자서 지하철 타는 것이 끔찍이도 싫었다. 뉴욕 지하철을 혼자 탔을 때 소매치기를 당한 기억이 트라우마로 남아 있어, 그 이후로 되도록이면 지하철을 타지 않으려 했던 것. 그런데 브루클린에 가려면 어떻게든 지하철을 타야만 했다. 안전한 지루함을 택할 것인

가, 용기 있는 즐거움을 택할 것인가. 하지만 고민의 시간은 길지 않았다. 그 선택의 중심엔 브롬톤이 있었기에.

  지금 생각해 보면 내 용기의 8할은, 먼 이국에서 온 여자아이와의 라이딩을 위해 맨해튼에서부터 브루클린까지 트레일러에 실려 온 한 대의 브롬톤 덕분인지 모른다. 오직 나를 맞으러 달려오는 브롬톤을 생각하며 나는 어두컴컴한 뉴욕 지하철에서 두 시간을 버틸 수 있었다. 그토록 싫어하는 뉴욕 지하철을 홀로 타고 새벽을 가르며 브루클린에 도착하자, 더욱 궁금해진다. 아, 나를 이토록 강하게 끌어당긴 건 어떤 브롬톤 녀석일까.

  지하철에 내려서도 집합 장소인 에리 베이슨 공원Erie Basin Park까지는 삼십여 분이 더 걸렸다. 구글 맵이 알려 준 대로 정류장에 내렸는데, 여기가 맞나 싶을 정도로 동네가 휑했다. 다행히 곁을 지나는 자전거 몇 대를 길잡이 삼아 따라가니, 곧 오늘의 목적지가 나타난다. '코리언 타임'이라는 오명을 쓰지 않으려고 서둘렀더니 30분이나 일찍 도착해 버렸다. 행사장 안에는 몇몇 사람들만이 삼삼오오 모여 있었다. 내가 참여한 'Tour de Brooklyn'은 일 년에 한 번 자전거로 브루클린의 명소를 함께 달리는 연례행사이다. 에리 베이슨 공원에서 시작해 레드 후크Red Hook, 고와누스Gowanus, 파크 슬로프Park Slope, 프로스펙트 파크 사우스Prospect Park South 등의 구역을 자전거로 달리는 20마일 정도의 라이딩 코스인데, 자전거 종류나 참

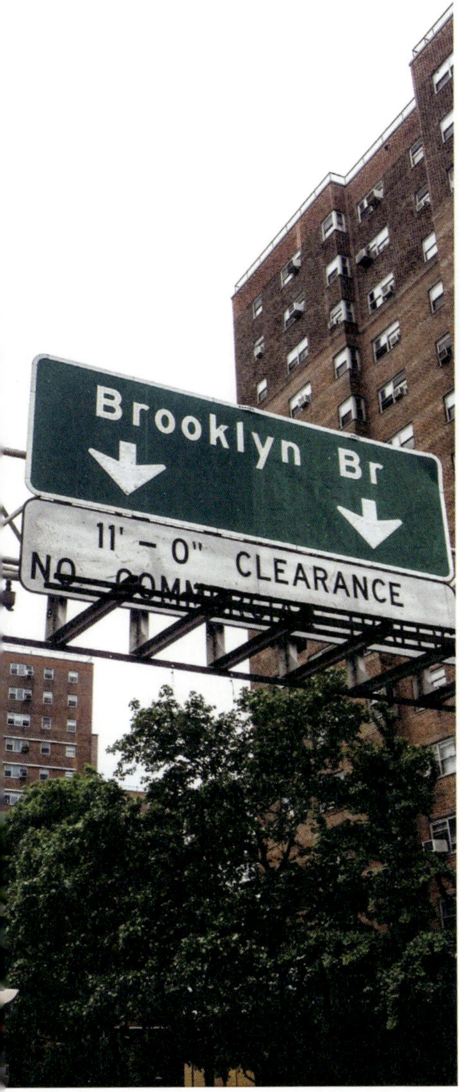
Brooklyn Br
11' – 0" CLEARANCE

NYPD

EXPLORE
Red Hook & Columbia Waterfront District
Brooklyn
Shop Eat Enjoy

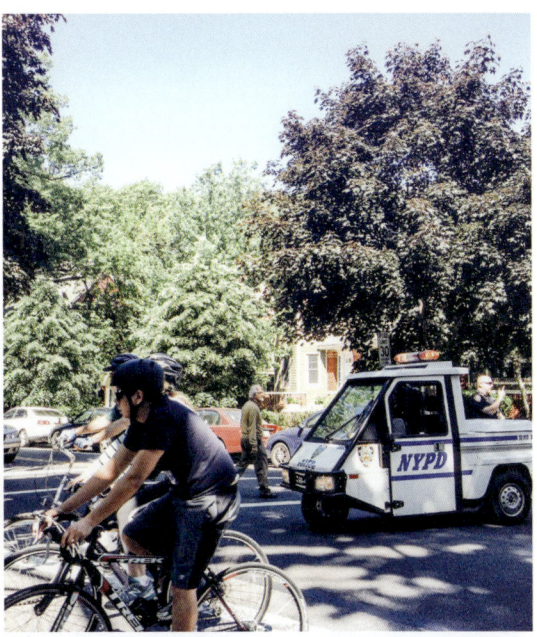

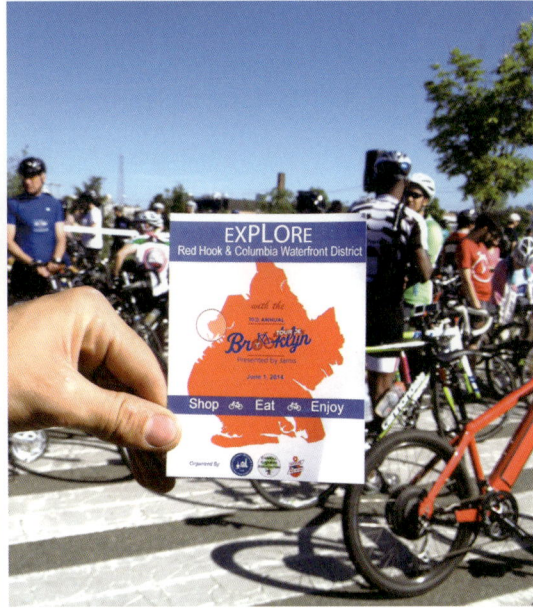

가자 연령 등의 제한 없이 오직 '자전거'와 '열정'만 있으면 되는 자전거 유저들의 파티다.

  나로 보자면 일단 '열정'은 충분히 준비돼 있었고, 나머지 준비물인 '자전거', 즉 브롬톤은 뉴욕시티휠즈의 피터가 트레일러에 싣고 와 주었다. 맨해튼에서부터 달려오느라 땀에 흠뻑 젖은 피터는 날 보며 반갑게 인사해 주었고, 피터와 브롬톤 이야기를 하는 동안 다른 브롬톤 유저들이 다가와 인사를 건넸다. 어제 갓 브롬톤을 구입하고는 허겁지겁 라이딩에 참여하게 됐다는 부부, 칠순이 넘은 나이에도 브롬톤과 버디, 바이크 프라이데이 등 미니벨로를 즐겨 탄다는 에릭 등 다양한 브롬톤 유저들을 한자리에서 만날 수 있었다. 맨해튼 시내에서 언뜻언뜻 지나치기만 했던 뉴욕 브롬톤 유저들이 여기 다 모여 있구나 싶어 반가웠다. 이번 브루클린 라이딩에서는 갖가지 자전거들의 총출동과 더불어 다양한 유저들의 모습을 구경하는 재미도 쏠쏠했다. 헬멧을 씌운 아이를 등에 업고 라이딩을 하는 아빠도 있었고, 강아지를 등에 업고 함께 달리는 견주들도 제법 있었다. 이렇듯 다양한 자전거가 한데 모여 브루클린을 달리는 장면은 어디서도 볼 수 없을 장관이었다.

  그 속에서 하나가 되어 달리고 있는 순간은 정말이지 황홀 그 자체였다. 한국에선 늘 자동차 클랙슨 소리에 시달리며 위험천만하게 달리던 도로 위를 수백 대의 자전거들과 함께 하나 되어 달리니 오늘만은 세상이 우리 것인 양 짜릿했다. NYPD(뉴욕 경찰)가 안전하게 자전거 탄 우리를 수호하고 있었고, 브루클린의 주민들은 창문과 대문을 활짝 열고 일 년에 한 번 있는 자전거 축제의 행렬을 응원해 주었다. 주민들의 응원에 자전거들은 찌링찌링 벨을 울리며 화답했다. 다양한 자전거 벨들과 응원의 목소리들이 울리며 만들어 낸 특별한 소음은 세상 어디에서도 들을 수 없는 아름다운 화음이 되어 브루클린의 공기를 흔들고 있었다. 자전거 하나만으로 뭉친 우리에겐 국적도 나이도 성별도 자전거 종류도 중요하지 않았고, 그러한 잣대로 나눌 이유 또한 없었다. 오직 자전거가 대화였고 웃음이었고 감동이었다. 브롬톤 덕분에 가능했던 브루클린 라이딩. 그날의 뭉클한 공기가 이따금 그리워진다.

INTERVIEW

브롬톤, 디자이너의 시선으로 바라보다

강희정
(36세, 크리에이티브 디렉터)
M6R RG / RG 2011

브롬톤을 탄 지는 얼마나 되었나요?

2011년 깊어지는 가을, 처음 브롬톤과의 만남은 기억에 남도록 추웠습니다.

프론트백이 멋져요. 브롬톤 순정 백은 아닌 것 같은데, 커스텀 제품인가요?

네, 저희 프렉티코 아르떼Practico Arte(PA)의 핸드메이드 프론트백입니다. 그러고 보니 PA의 첫 제품이 브롬톤용 프론트백이었네요.

심플하면서도 세련된 디자인이 브롬톤과 정말 잘 어울리네요. 프론트백을 직접 제작하게 된 계기가 있나요?

출퇴근이나 어반 라이딩의 목적을 두고 브롬톤과 함께하기 시작했습니다. 브롬톤 전용 가방을 찾아보는데 마음에 드는 멋진 가방이 없는 거예

요. 요즘 젊은 친구들도 그렇고 자전거를 탈 때 패션을 중시하는 경향이 있잖아요. 자전거는 이제 이동 수단을 넘어 자신의 개성을 표현할 수 있는 스타일 아이콘으로 주목받고 있다고 생각합니다. 자전거용 가방은 자전거 꾸미기에 가장 접근하기 좋은 아이템이에요. 하지만 국내 시판 중인 제품들을 보면 통가죽으로 된 클래식한 스타일이나 기능성이 강조된 스포티한 스타일로 양극화되어 있더라고요. 그래서 우리가 갖고 싶은 가방을 직접 만들기로 했어요! 예를 들면 카모플라쥬 패턴의 자전거 가방이나 왁스 캔버스로 된 빈티지한 자전거용 파우치, 스키니진과도 잘 어울리는 스트릿 느낌의 안장용 가방 등요요. '그래! 우리 PA가 만들어 보자!'라는 결심으로 제작하게 되었습니다.

그렇군요. 유저들마다 느끼는 브롬톤의 장단점이 제각각인데요. 디자이너의 관점에서 보는 브롬톤은 어떤가요?

디자이너의 관점에서 브롬톤은 시선을 사로잡는 유려한 형태를 가지고 있지는 않지만 폴딩 방식 자전거의 가장 기본을 갖추고 있는 자전거라고 생각합니다. 그도 그럴 것이 여러 번의 시험과 시행착오를 통해 탄생된 자전거인 만큼 세심한 부분까지 사용자 입장에서 고민한 흔적들이 보여요. 다소 투박하지만 가장 합리적이고 활용성을 높인 부품이나 완벽한 폴딩을 위한 섬세한 여타 장치들에서 그런 흔적들을 볼 수 있지요. 이러한 부분들은 브롬톤만의 아날로그적인 감성과 더불어 한쪽에서 나름의 방식으로 현대화되었다고 생각합니다. 마치 BMW MINI처럼 말이죠.

이런 브랜드를 명품의 코드와 비교하기도 합니다. 보통의 명품이라 하면 상징적 가치를 말하는데, 브롬톤은 그보다 사용자의 가치를 중심에 두고 있는 것 같습니다. 그런 것들을 생활 명품이라고 할 수 있는데요. 브롬톤은 하이엔드 명품 브랜드와 견주어도 전혀 떨어지지 않아요. 좋은 물건을 만들겠다는 본질적인 신념에, 사용 가치에 충실한 기본과 원칙을 지키는 데다 사용자의 새로운 라이프 스타일에 적합하게 섬세한 차이를 적용하지요. 이런 부분을 충분히 갖추고 디자인을 하고 브랜딩을 하기에 세계 곳곳 다양한 취향과 라이프 스타일을 가진 사람들이 브롬톤을 사랑하는 것 같습니다.

브롬톤은 모든 색상이 다 매력이 있어, 색상 선택 시 많은 고민을 하게 되는데요. 레이싱 그린을 선택한 이유가 있을까요?

우연히 어느 카페에서 폴딩되어 있는 레이싱 그린 컬러의 브롬톤을 목격하게 되었습니다. 저에겐 엄청난 사건이었어요. 빈티지한 브라운 브룩스 안장과의 절묘한 조합까지 정말 인상에 남아서 고민하지 않고 선택했습니다. 느릿느릿 페달을 저으며 소소한 일상과 구석구석 풍경도 보게 되었고, 항상 가던 길에서 방향을 조금 틀어 보니 새로운 사람들과의 멋진 만남까지 기다리고 있었습니다! 그 목격은 운명이 아닐까 생각합니다. 브롬톤이 저를 더 넓고 재미있는 세상으로 데려가 주는 것 같아서 설레고 앞으로도 기대가 됩니다.

브롬톤과 함께한 추억 가운데 인상 깊었던 순간이 있었다면 말씀해 주세요.

뜨거웠던 2014년 초여름 어느 날, 브롬톤 앞뒤로 커다란 가방과 배낭을 싣고 장봉도라는 섬으로 배를 타고 캠핑을 갔습니다. 오르고 올라도 끝도 없었던 오르막의 연속, 이글거리는 뙤약볕 아래 타오르는 갈증, 터질 듯한 심장, 점점 무거워지는 브롬톤……. 이렇게 오르막을 오를 때는 죽을 것 같이 힘들었는데, 내리막이 시작되자 미칠 듯이 신 나고 즐겁고 짜릿했어요. 그때 그 장면을 생각하면 눈물이 날 만큼 그리워집니다. 아름다웠던 순간이었어요.

앞으로 PA에서 브롬톤 프론트백을 출시할 계획이 있나요? 있다면 살짝 공개해 주실 수 있을까요?

PA 패밀리는 전부 브롬톤 유저예요. 브롬톤을 사랑하기 때문에 기회가 된다면 프론트백을 출시하고자 합니다. 다양한 콘셉트로 스케치해 놓은 많은 가방들을 하나하나 빨리 세상에 선보이고 싶습니다. 한정판일지도!

아기자기하고 독특한 아이템이 가득한 디자이너의 가방

1_ 브롬톤 프론트백으로 주문 제작한 프렉티코 아르떼의 크레용백. 스트랩이 있고 가벼워 브롬톤과도 잘 어울린다.

2_ 라이딩 시 지갑이나 간단한 소지품을 넣고 다닐 수 있어 요긴하게 쓰는 작은 가방.

3_ 일본의 장난감인 켄다마. 몇 년 전 켄다마 하와이 대회를 보고 반해서 어렵게 구했다. 여전히 다루는 데는 서툴지만, 소지하고 있으면 어쩐지 기분이 좋아지는 아이템이라 항상 가지고 다닌다.

4_ 안전띠도 쉽게 잘라 버릴 수 있고 강화유리도 한 번에 깨뜨릴 수 있는 라이프 도구. 부피도 작고 혹시 쓸 일이 있을까 싶어 갖고 다닌다. 레드 컬러가 예쁘기도 하고.

5_ 설거지하기 편한 물병. 아침마다 레몬 한 조각 퐁당 하여 물을 마시며 다닌다.

6_ 커피나 음료수를 마실 때, 양치할 때, 요긴하게 쓰이는 폴딩 컵. 입 부분을 누르면 부피가 작아져 간편하다. 브롬톤을 사고 나서 이렇게 폴딩되는 물건이면 왠지 사게 된다.

Practico Arte.

스페인 어로 실용적인 공예라는 뜻을 가진 프렉티코 아르떼는 2012년 봄, 진심을 담아 가방을 만드는 두 디자이너가 설립하였습니다. 가방 손잡이를 디자인할 때 사람의 손을 먼저 공부하는 이들은 가죽이 견뎌야 할 오랜 시간을 생각해 공들여 마감합니다. 프렉티코 아르떼는 모두의 일상이 더 소중해지는 가방을 만들려고 노력합니다.

BROMPTON
RACING GREEN

4

나는

세 번째

주인입니다

언젠가 우리 모두의 사유 재산이
한 대의 자전거로 집약될 때가 오리라!
모든 기쁨, 건강, 열정, 젊음의 원천인
자전거, 이 영원한 친구에게로 말이다.
-**모리스 르블랑** Maurice Marie ?mile Leblanc

시작했습니다,
브롬톤 라이프

　　브롬톤을 구입할 때 가장 먼저 망설이게 되었던 부분, 바로 가격이었다. 어린 시절부터 나는 소득에 맞지 않는 소비는 사치라고 생각해 왔기에, 한 대에 2백만 원이 넘는 브롬톤을 선뜻 구매하기란 사실 쉽지 않았다. '좀 더 모아서 다음에 사자. 일단 비슷한 걸로 찾아볼까?'

　하지만 한번 마음에 들어온 것은 떨쳐 내기가 어려운 법. 어떤 걸 보더라도 비교 대상은 늘 브롬톤이었다. 마지막까지 고민했던 모델은 브롬톤과 거의 유사한 형태의 폴딩 자전거. 그런데 생각해 보니 타고 다니면서도 늘 브롬톤과 비교하게 될 것이 뻔했다. 이런 고민을 하고 있는 내게 오빠가 해 준 한 마디.

- 어차피 갈 거 그냥 한 방에 가.

나의 오빠는 자전거를 직접 분해 조립, 자신만의 자전거를 만들어 타고 다니는 사람이다.

구매에 대한 합리화였는지, 설득력 있게 들린 오빠의 말을 핑계 삼은 건지, 여러모로 브롬톤에 홀려 버린 난 순식간에 브롬톤 구매 결심을 하고 가격 부담이 조금 덜한 중고 사이트를 뒤져 보기 시작했다. 그런데 마음에 드는 것은 빛의 속도로 판매 완료가 되었고, 구매 가능한 물건들은 영 성에 차지 않았다. 하지만 그나마도 매물이 귀했고, 그렇게 이 주일가량을 중고 시장에 매복하다 보니 점점 지쳐 갔다. 이왕 이렇게 마음먹은 거 새 거라도 사야겠다고 결심하던 즈음 마침내 나타났다, 마음에 쏙 드는 브롬톤이! 코발트블루 색상의 브롬톤은 접혀 있는 모습도 우아했는데, 판매자의 말에 따르면 여성 유저가 얼마 타지 않고 모셔 두었단다. 나는 그 브롬톤을 보는 순간 반해서 곧장 구매를 약속했다. 그렇게 난 무언가에 홀린 듯 브롬톤 유저가 되었고, 이전 주인도 중고로 구매했다는 걸 감안하면 나는 이 아이의 세 번째 주인이 되는 셈이다.

내 인생 최초로 최고 금액을 지출한 그날, 그렇게 우린 인연을 맺었고 나의 브롬톤 라이프도 시작되었다. 아무래도 중고로 구입하다 보니 손보아야 하는 곳이 많았는데, 그렇게 여기저기 만져 보고 이것저것 바꾸어 가는 과정에서 브롬톤에 대해 점점 알아 가게 되었다. 여러 주인을 거쳐 내게 온 브롬톤은 조금은 낡았고 많이 낯설었다. 그 와중에 손이 많이 갔고, 그 낯선 녀석을 위해 발품도 많이 팔았다. 하지만 그만큼 더 애착이 가는 나의 브롬톤.

2011년식인 내 브롬톤은 적은 나이는 아니지만, 아마 지난 주인들보다 나와 함께 라이딩 한 거리가 더 길 것이다. 내가 처음 만났을 당시 M6L이었던 녀석은 나와 함께 시간을 보내며 내 스타일대로 지금의 P6R이 되었다.

내가 브롬톤을 하나하나 바꿔 나간 것처럼 브롬톤 역시 나를 변화하게 만들었는데, 집순이였던 여자아이는 방랑자가 되었으며, 낯가림 심했던 새침한 여자아이는 넉살 좋은 자전거 유저가 되어 있었다. 브롬톤을 만난 뒤 주말마다 라이딩이나 여행을 다니느라 분주해졌으며, 언제 어디서나 브롬톤만 보아도 친한 친구를 만난 듯 반갑게 인사하게 되었고, 브롬톤과 떠나는 캠핑과 피크닉으로 자연이 주는 싱그러움과 자유를 만끽하게 되었다. 제법 시크한 일상과 더불어 상상하지 못했던 달콤한 주말을 얻었는데, 그 모든 것이 집을 나설 때면 늘 곁에서 함께하는 브롬톤 덕분이었다. 소소한 행복에 감사하고 일탈을 꿈꿀 수 있게 해 주는, 특별한 친구가 생긴 것이다. 새침한 집순이였던 한 여자아이에게.

블리의
시간

   나는 어릴 적부터 애착이 가는 물건에 이름 붙이는 것을 즐겼다. 이름을 붙이고 나면 그 물건은 더 이상 단순한 물건이 아닌, 내 친구처럼 친근하고 소중한 존재가 되었다. 김춘수 시인의 시 「꽃」의 한 구절에서 말하고 있는 것처럼.

   처음 본 순간부터 사랑에 빠진 듯 자꾸 바라보게 되던 브롬톤에게 어떤 이름이 어울릴까. 고민의 시간은 길지 않았고, 나는 곧 나의 브롬톤에게 '블리'라는 이름을 지어 주었다. 클래식함이 물씬 풍기는 코발트블루 색상의 러블리한 브롬톤에게 딱 어울리는 이름, 블리.

   블리는 내 브롬톤의 애칭이 되었고, 자연스레 동호회에 가입할 때도 큰 고민 없이 블리라는 이름을 사용하게 되었다. 동호회 첫 정기 모임에 나갔던 날, 빙 둘러서서 자기소개를 하는 시간이었다. 돌아가며 닉네임을 소개하면서 인사를 하는데, 내 순서가 가까워질수록 점점 초조해졌다. 블리라는 닉네임을 어떻게 소개해야 하나. 나는 어쩌자고 브롬톤의 이름을 내 닉네임으로 설정했단 말인가. 지금이라도 무난한 닉네임으로 바꾸고 싶었다. 어차피 아무도 모를 테니까. 어쩌지 어쩌지, 고민하는 가운데 내 순서가 왔다. 에라, 모르겠다.

- 안녕하세요, 블리입니다.
- 네? 잘 안 들려요.
- 닉이 뭐라고요? 불 뭐요?
- 불이 아니고, 러블리의 블리입니다.

누가 뭐라고 한 것도 아닌데, 일순간 손발이 오그라드는 것만 같은 민망함이 몰려왔다. 어차피 다른 닉네임이었다고 해도 온라인의 것을 오프라인으로 가져왔을 때의 민망함이란 크게 다르지 않았을 것이다. 하지만 그것은 이성적인 판단일 뿐, 현실에서는 새빨개진 얼굴이 도대체 식을 줄을 몰랐다.

그 이후로 블리라는 이름은 브롬톤의 이름이 아닌, 나의 이름으로 불리

기 시작했다. 닉네임을 부르는 일련의 과정들이 상당히 낯간지럽게 느껴졌지만, 이젠 실제 이름이 어색할 정도로 닉네임 블리가 익숙해졌다. 일상처럼 익숙해진 이름, 블리. 그럼 이름을 뺏긴 브롬톤의 애칭은 뭐가 되었느냐고? 결국 가장 흔한 애칭 브로미로 부르고 있다. 예쁜 이름을 내게 양보해 준 브롬톤 덕분에 내 이름은 블리가 되었고, 이제는 민망함 없이 블리라는 이름을 즐기고 있다.

브롬톤을 탈 때, 나는 블리가 되고 비로소 블리스러워진다.

평일의 나와 주말의 블리. 처음엔 주중 5일의 내가 주말 이틀의 블리보다 강했다. 주저했고, 망설였고, 남의 시선을 무척이나 의식했으며, 드러나는 것을 싫어해서 튀는 색깔의 옷도 좋아하지 않았고, 사람들이 많은 곳을 싫어했고, 새로운 사람을 만나는 것도 불편해했다. 색채가 없는, 그야말로 무채색의 자아였던 나. 나는 내가 조용한 사람인 줄, 혼자 있는 걸 좋아하는 사람인 줄만 알았다.

그러던 내가 블리로 사는 시간이 길어지면서 조금씩 변하기 시작했다. 주말엔 무조건 집에서 뒹굴뒹굴 집순이였던 내가 틈만 나면 브롬톤을 접었다 폈다를 반복하며 밖으로 나갔고, 브롬톤 라이딩 모임에 참석해 새로운 사람들과 어울리기 시작했으며, 카메라만 들이대면 얼어 버리던 내가 사람들이 찍어 주는 사진에 더 예쁘게 나오고 싶어 옷도 점점 밝게 입기 시작했다. 게다가 앞에 나서기를 질색으로 알았던 내가 '브롬톤 폴딩 대회'에 참가하려고 BWCK 무대에 오르는 사고를 치기에 이르렀으니 참, 변해도 너무 많이 변했다. 주저하기 전에 저지르고, 저지르고 나서 후회할 겨를도 없이 또 저지르고, 그러다 보니 망설이고 걱정할 틈이 있을 수 없었다. 처음엔 이래도 되나 싶기도 했고, 나답지 않다 싶은 생각도 들었다. 하지만 시간이 지날수록 일주일 중 이틀이었던 블리의 삶이 사흘이 되고, 나흘이 되고……, 그렇게 나는 완전한 블리로 변해 갔다.

  어느 날 나는 특별한 시간 속에서 살고 있는 나를 보았는데, 그 시간 속의 나는 거의 하루도 빠지지 않고 두 바퀴를 굴리고 있었고, 브롬톤을 접었다 폈다를 반복하고 있었다. 이전보다 더 활동적이고 적극적으로 변한, 나도 몰랐던 내가 거기에 있었다. 아주 많이 달라진 내가 블리라는 이름으로 '블리의 시간' 속에 살고 있는데, 그 모습이 제법 좋았다. 아니 뜨겁게 좋았다. 블리의 시간은 이제 브롬톤의 안장을 벗어난 곳에서도 유효하다고 말하면 너무 성급한 걸까.

뉴욕
어반 라이딩

TRAVEL with BROMPTON
뉴욕

뉴욕 여행 막바지, 뉴욕시티휠즈와의 인연으로 맨해튼, 브루클린 지역을 라이딩 할 수 있는 기회가 생겼다. 당연히 브롬톤을 타고!

내가 묵던 숙소에서 뉴욕시티휠즈까지는 걸어서 한 시간도 넘는 거리였다. 처음엔 교통편도 모른 채 무작정 찾아가느라 걸었던 그 멀지 않은 길을 그날은 걷기 위해 마음먹고 일찍부터 채비하였다. 조금은 익숙해진 거리를 아직 낯선 마음으로 두리번거리며 걷는 것이 좋았다. 운동화 끈을 꼭 조여 매고, 커피 한 잔을 들고 맨해튼 거리를 걷자니 잠시나마 뉴요커가 된 듯한 기분에 마음이 사뿐히 들떴다. 게다가 브롬톤을 타고 뉴욕 도심을 달릴 거라니, 얼마나 고대하던 일인가!

바삐 움직이는 뉴요커들 사이에 뒤섞여 걷다 보니 잊고 있던 일상, 서울에서의 출근길이 떠올랐다. 뉴욕시티휠즈로 가는 길도 이제 제법 익숙해졌는데, 낯설었던 거리 풍경도 이젠 눈에 익어 가는데, 나는 내일이면 집으로 돌아가야 하는 여행의 끝자락에 서 있었다. 돌아가고 싶은 마음과 머무르고 싶은 마음이 교차하는 그 거리에서 나는 뉴욕의 풍경들을 하나 하나 눈에 담으려고 아주 천천히 걸었다.

센트럴 파크로 들어서고 나선 발걸음이 더 느릿해졌다. 뉴욕에 도착한 첫날 설렘 가득한 마음으로 거닐었던 그 길을 언제쯤 다시 거닐 수 있게 될까, 언제쯤 이 말도 안 되는 여유를 다시 누리게 될까, 그런 생각을 했던 것 같다. 느린 걸음 사이로 자전거 한 대가 지나가면서 바람이 불었고, 그 바람결에 추억이 밀려왔다. 비 오는 주말 다양한 국가의 친구들과 함께 브롬톤을 타던 일이 몽글몽글 그리움과 함께 떠올랐다. 단 하루 함께 한 것뿐이지만, 그새 추억이 된 그날의 기억은 그리움이라 이름 붙이는 게 맞았다. 그들은 지금쯤 어디서 무얼 하고 있을까. 자신들과 브롬톤 우중 라이딩을 함께했던 한국인 여자애를 기억해 줄까.

그렇게 느린 걸음으로 뉴욕시티휠즈에 도착해, 미케닉과 인사를 나누었다. 며칠 새 자주 오게 된 이곳의 익숙한 풍경. 오늘 나와 함께할 브롬톤은 어떤 것일지 기대 반 설렘 반으로 매장을 둘러보았다. 매장에 준비된 다양한 색상의 브롬톤 가운데 어떤 브롬톤을 받게 될까? 주말 라이딩과 브루클린 라이딩에서부터 나와 함께했던 옐로우? 애플그린? 화이트? 아님 믹스톤? 만약 옐로우를 또 받게 된다면 이건 운명이다 하며 즐거운 상상을 하고 있는데, 미케닉이 영롱한 옐로우 브롬톤을 끌고 왔다. 뉴욕에

서의 내 브롬톤은 역시 옐로우. 초여름 날의 햇살처럼 눈부신 빛깔이 '내 뉴욕의 컬러'로구나. 어쩐지 출발 전부터 느낌이 좋았다.

-good luck to you!

뉴욕시티휠즈 미케닉의 응원을 받으며 뉴욕 어반 라이딩이 시작되었다. 오늘의 미션은 무작정 뉴욕을 달려 보기, 달릴 수 있는 데까지 힘껏 달려 보기!

브롬톤과 난 과연 어디까지 달려갈 수 있을까? 무작정 달리기였지만, 그래도 꼭 해 보고 싶었던 것 중 하나는 바로 허드슨 강변길 라이딩이었다. 서울에선 한강 자전거 길을 주로 달렸던지라, 뉴욕의 허드슨 강변 자전거 길은 얼마나 잘 조성되어 있을지도 궁금했고, 빽빽한 빌딩 숲만 다니려니 탁 트인 강가의 자전거 길이 그리웠다. 뉴욕시티휠즈가 있는 요크 애비뉴는 허드슨 강변과도 제법 가까웠고, 생각보다 더 쉽게 뉴욕 라이딩을 할 수 있을 것만 같다는 생각이 들었다. 하지만 뚜벅이로 다닐 때는 크게 의식하지 않았던 일방통행로나 무단 횡단이 내 발목을 턱턱 붙잡았다.

뉴욕은 자전거 길이 잘 되어 있는 편이었고, 브롬톤과 함께 달리고 있는 나는 분명 교통수단을 이용하는 것이었기에 자전거도로를 통해서만 이동하기로 했다. 뉴욕에서 자전거로 인도를 달렸다가는 우락부락한 NYPD에게 붙잡혀 갈지도 몰랐고, 툭 하면 고소를 해 대는 뉴욕 시민에게 걸릴 수도 있다는 걱정 - 나는 제법 경각심이 많은 편이다 - 도 작용했다. 하지만 사실 뉴욕은 기본적인 신호도 잘 지켜지지 않는 터라 자전거 길도 큰 의미는 없었다. 좁은 길에서도 폭풍 질주를 하는 뉴욕의 택시들과 신호를 무시하고 빨간불에도 무단 횡단을 하는 뉴요커들 사이에서 나와 브롬톤은 긴장의 끈을 놓을 수 없었다. 좀 달리려고 하면 일방통행로에 막혀 버리기 일쑤였고, 겨우 들어간 허드슨 강변길은 공사 중으로 막혀 있어 다시 낑낑대고 돌아서야 했으며, 거침없이 달려드는 자동차들과 갑자기 툭툭 튀어나오는 행인들과 오토바이들의 향연까지……, 아, 제대로 달리고 있는 건가 하는 의구심이 들기 시작했다.

  계속 페달링은 하고 있는 것 같은데, 이상하게 제자리걸음에 같은 곳만 뱅뱅 도는 느낌이었다. 데이터 로밍도 하지 않아 가까이 보이는 스타벅스에 들어가 겨우 숨을 돌리고 구글 맵을 켜 본다. 이렇게 급히 실내에 들어가야 할 때 브롬톤은 진가를 발휘한다. 폴딩하여 의자 곁에 혹은 테이블 아래에 두면 그만이다. 시원한 아이스커피 한 잔과 잠시 가진 휴식 시간으로 시들었던 나와 브롬톤은 다시 피어났고, 뉴욕 거리를 향해 힘차게 페달링을 시작했다.

뉴욕에서도 브롬톤은 늘 시선 집중이었는데, 힐끗힐끗하던 나의 브롬톤 청중들은 내가 익숙하게 빠른 손놀림으로 브롬톤을 폴딩하면 "look so nice!" "you so cool!" 등의 칭찬을 하며 감탄했다. 능숙한 솜씨로 폴딩한 자전거를 아주 가뿐한 듯 번쩍 들어 올리면 공연 끝.

맨해튼의 길은 단순해서 길을 잃을 염려는 없지만, 일방통행로와 잦은 신호 체계로 인해 자꾸 멈추어 서게 된다. 그래서 자전거를 타더라도 속도가 더딘데, 덕분에 나는 자전거도로에서 많은 라이더들과 마주치며 눈인사를 나누는 느긋한 여행자가 될 수 있었다. 지난밤 눈부신 야경을 선사해 준 엠파이어 스테이트 빌딩 Empire State Building을 지나, 소호 Soho의 차이나타운을 지나치다 우연히 발견한 브루클린 브릿지 Brooklyn Bridge. 손에 잡힐 듯 점점 가까워 오는 브루클린 브릿지를 보자니 페달링 하는 발이 점점 가벼워졌다.

얼마나 지났을까. 익숙한 물 내음과 함께 브루클린 브릿지와 맨해튼 브릿지 Manhattan Bridge가 한눈에 들어왔다. 한강의 다리와는 다른 생경한 풍경의 두 다리를 한참이나 바라보고 있자니 한 줄기 모험심이 샘솟았다. 달리다 서다를 반복하다 슬슬 실내로 들어가 볼까 했던 마음이 생기던 찰나였다. 모험심이 지루함을 누르고 나를 자극했다. 그래, 저 다리를 건너 보자. 어차피 이 여행은 이미 계획하지 않은 일들의 연속이었다.

브루클린까지 건너가리라고는 생각지도 못했는데 또 하나의 즐거운 일정이 추가되었다. 어두워지기 전에 서둘러 움직여야 했다. 조금은 익숙해진 맨해튼 도심 가운데서 나는 노란 브롬톤과 함께 뉴요커들의 퇴근 행렬에 끼어 브루클린을 향해 달렸다. 많은 라이더와 행인들이 브루클린 브릿지 위를 바쁘게 오가고 있었고, 나와 브롬톤도 그들 사이로 뛰어들었다. 브루클린 브릿지 위 다양한 자전거들의 행렬, 그 와중에 반가운 브롬톤 한 대가 눈에 들어왔다. 멋진 로우 락커 유저로 브롬톤에 몸을 실은 채 헬멧을 고쳐 쓰고 있던 존은 맨해튼이 직장이며 집이 있는 브루클린으로 퇴근하는 길이라고 했다. 한국에서 같은 브롬톤 유저를 만나면 "안녕하세요." 하고 인사하던 버릇이 있어 브롬톤을 보자마자 자동으로 인사를 해 버린 나에게 그는 브루클린 가이드를 자청했다. 존 역시 한국인 브롬톤 유저는 처음 만난다며 반가운 마음을 표현했다. 브롬톤은 세계 어느 곳에서나 동지를 만들어 주는 그런 자전거다. 하지만 날이 저물기 전에 서둘러 브루클린을 돌고 나와야만 했기에 그와는 브루클린에 입성하자마자 아쉬운 인사를 나눌 수밖에 없었다.

 뉴욕의 자출족과 만나고 나니 나도 마치 퇴근길의 뉴요커가 된 것처럼 묘한 기분이 들었다. 그래서였을까. 나는 누구에게 묻지도 않고 순전히 '감'만으로 마치 이곳 사람인 듯 라이더들의 행렬을 따라 덤보^{Dumbo} 구

역으로 이동했다. 영화 〈원스 어폰 어 타임 인 아메리카〉, TV 프로그램 〈무한도전〉 등의 촬영지로 유명한 곳인 덤보 구역으로 가는 길에서 나는 또 한 명의 브롬톤 유저 사라를 만났다. 캐나다에서 왔다는 그녀는 브롬톤을 타고 여행 중이라고 했다. 짐받이(리어 랙)도 없이 어깨에 배낭을 메고 라이딩 하는 모습이 안쓰러워 보이다가도, 모든 브롬톤 유저들의 꿈인 '브롬톤과 함께하는 세계 일주'를 실현하고 있는 그녀의 자유로움이 부러웠다. 사라에게 한국의 유저들도 브롬톤에 배낭을 싣고 여행하는 것을 즐기며, 그렇게 어깨에 메는 것보다 안장에 봉을 달아 짐받이에 거치하는 것이 훨씬 편하다고, 핸드폰에 담긴 사진을 보여 주면서 설명했다. 그러자 사라는 한국 브롬톤 유저들은 세계 일주를 하는 자신보다도 더 노하우가 많은 것 같다며 놀란 표정을 지어 보였다. 서로 남은 여정에 행운만이 가득하길 빌어 주며 인사를 나누고 돌아서는 길, 저 멀리 해가 뉘엿뉘엿 져 가고 있었다. 큰일이다, 어두워지기 전에 어서 맨해튼으로 돌아가자. 목적지였던 덤보 구역은 제대로 보지 못하고 돌아올 수밖에 없었지만, 적당한 아쉬움을 남겨 두는 것도 괜찮았다. 이다음에 브루클린에 다시 와야 할 이유가 생긴 것이니까.

　어둠이 내려앉기 전 서둘러 다시 브루클린 브릿지를 건넜다. 브루클린에서 맨해튼 방향으로 돌아가는 길, 저 멀리 작게 보이는 자유의 여신상에게도 작별 인사를 고했다.

'안녕, 널 가까이서 보진 못했지만 그래도 너와 바꾼 브롬톤과의 시간을 후회하지 않을 것 같아.'

처음부터 뉴욕에서 브롬톤을 탈 계획은 없었다. 애초 나의 계획은 여느 관광객들과 다를 바 없었는데, 뉴욕시티휠즈 방문 이후로 여행의 방향이 확 바뀌어 버렸다. 뚜벅이일 때나 다른 교통편을 이용할 때와는 달리 어딜 가도 브롬톤을 가져가야만 했기에 관광 책자에 나온 맛집이나 예쁜 카페에는 들어가지 못했지만, 길거리에서 브롬톤과 함께 털썩 주저앉아 먹었던 햄버거의 맛이랄지 라이딩 후에 마신 시원한 테이크아웃 커피의 맛은 그 무엇과도 비교할 수 없는 것이었다. 게다가 어쩌면 그냥 스쳐 지나갈 수도 있었던 많은 이들과의 만남, 브롬톤과 함께였기에 가능했던 길 위의 인연들을 떠올리면 내 곁에서 속도를 맞추어 주는 브롬톤이 한없이 고맙게 느껴진다. 나이도 국적도 여행의 목적도 다 달랐던 우리를 잠시 멈추어 서게 한 브롬톤 덕분에 나는 혼자 떠나는 여행의 맛을 알아 버리고 말았다. 혼자이지만 혼자가 아니라고 느끼는 순간이 몇 차례 반복되었고, 나는 어느 새 이방인인 나의 모습을 즐기고 있었는데, 그때마다 나는 브롬톤 안장 위에 앉아 있었던 것 같다. 그리고 스쳐 지나가는 바람을 짧게 느꼈던 것 같다.

SPECIAL INTERVIEW

Keep on Your cycling!

퀸턴 플린저 Quinton Pullinger
영국 브롬톤 아시아 태평양 마케팅 총괄

<mark>안녕하세요. 한국 방문이 처음인가요?</mark>
세 번째 방문입니다. 서울에 올 때마다 항상 새로운 것을 배우게 되네요.

<mark>한국에도 브롬톤 유저들이 점차 늘어나고 있는데, 한국 시장의 성장률이 어떻게 되는지 궁금합니다.</mark>
한국 시장의 성장세는 놀랍습니다. 꾸준히 오르고 있어요. 사업적으로 굉장히 성장하고 있어서 저희로서는 아주 만족합니다.

<mark>한국 브롬톤 유저들만이 갖고 있는 특성은 어떤 것이라고 생각하나요?</mark>
한국 브롬톤 유저들은 그룹을 이루어 함께 라이딩 하는 경향이 강한 것 같습니다. 브롬톤뿐만 아니라 스트라이다 같은 다른 폴딩 바이크의 경우

에도 그런 것 같고요. 특히 이런 폴딩 바이크는 교통수단으로서의 역할을 넘어, 유저에게 자유로움을 줍니다. 라이딩의 즐거움을 넘어 어디든 갈 수 있다는 자유로움이요. 한국 브롬톤 유저들은 이러한 브롬톤의 특성을 잘 살려 자유롭게 많은 곳을 다니며 라이딩을 즐기는 것 같습니다. 그리고 한국 브롬톤 유저들은 개성이 강하고 적극적인 것 같아요. 우리는 브롬톤을 복잡한 런던의 도심에서도 탈 수 있는 미니벨로, 즉 교통수단으로 인식하는 경향이 강한데 한국 브롬톤 유저들은 패션의 일환으로 생각해 액세서리나 가방 등으로 브롬톤을 꾸미는 것을 좋아한다고 들었습니다. 스스로 부품을 만들기도 하고, 자신만의 브롬톤에 대한 애착이 강한 것 같습니다. 그리고 브롬톤 유저들의 연령대가 굉장히 젊어요. 한국에 올 때마다 몇 군데 자전거 매장에 방문해 이야기를 나누는데, 어제 다녀온 매장에서 들은 이야기가 아주 흥미로웠습니다. 요새 여성 유저들이 굉장히 많이 늘었다고 하더군요. 주로 자전거는 남자들이 많이 타는데, 젊은 여성 유저들이 폴딩한 브롬톤을 번쩍번쩍 들고 다닌다는 점이 놀랍고 흥미로웠습니다.

한국 브롬톤 유저들은 다양한 커스텀을 통해 자신만의 개성 있는 브롬톤을 꾸미고 있는데, 혹시 한국 브롬톤 유저들을 만나 본 적이 있나요?

한국에 올 때마다 일정이 워낙 빡빡해서 개인적으로 한국 브롬톤 유저를 만난 적은 없어요. 그렇지만 BWCK에 참석했을 때 한국 브롬톤 유저들을 많이 보았죠. 정말 다들 스타일리시하고 패셔너블했습니다. 한국 브롬톤 유저들이 영국 유저들보다도 더 젊고 트렌디한 것 같습니다.

2012년 앤드류 리치가 BWCK에 참석했을 때, 한국 브롬톤 유저들이 너무 어려서 놀랐다고 하더군요. 그리고 한국 브롬톤 유저들은 브롬톤을 단순한 자전거가 아닌 삶의 일부분으로 생각한다는 것이 인상 깊었다고 들었습니다.

제가 생각하기에 브롬톤은 '자유로움'의 결정체인 것 같습니다. 처음 구입할 때부터 컬러, 핸들바 등의 선택이 자유롭고, 이동 시 자유롭게 교통수단을 이용할 수 있고, 어디든 가지고 들어갈 수 있는 자유가 있죠. 무엇보다도 브롬톤은 내가 원하는 곳 어디서든 자유롭게 탈 수 있는 자전거잖아요. 나와 함께 여행을 떠날 수 있는 자전거가 얼마나 되겠어요?

그렇다면 가장 인상 깊었던 유저에 대해서 말씀해 주시겠어요? 커스텀이랄지, 스타일이랄지.

굉장히 많아요. 브롬톤 유저들은 대부분 브롬톤을 통해 자신을 표현하는 성향이 강해서인 것 같습니다. 그중에서도 가장 인상 깊었던 브롬톤 유저는 어느 일본인입니다. 남자였는데, 브롬톤이 온통 핑크였어요. 핑크 브롬톤에 브레이크 라인, 리어 랙, 타이어 라인, 페달, 가방, 새들백(안장 가방), 안장 등 브롬톤에 있는 모든 아이템을 핑크로 꾸몄더라고요. 특히 리어 랙은 정말 예뻤어요. 단순히 컬러만 핑크인 것이 아니라 하나하나 아이템마다의 디테일이 살아 있어서 굉장히 애정을 갖고 꾸몄다는 걸 느낄 수 있었습니다. 구할 수 없는 아이템은 직접 만들고 도색했다고 했어요. 세상에 단 하나뿐인 브롬톤을 갖고 싶었다고 하더군요. 여러모로 놀라웠습니다.

브롬톤은 특유의 컬러감으로도 유명한데요. 특히 2015년부터는 뉴 컬러 모델이 대거 출시되었고, 블랙 에디션도 출시되어 큰 화제였습니다. 이러한 뉴 컬러의 등장과 더불어 단종되는 컬러도 많았는데요, 컬러 선정의 기준이 있는지 궁금합니다.

브롬톤은 여러 시도를 통해 시시각각 변하는 고객의 니즈를 맞추려고 노력합니다. 단종되는 컬러라도 브롬톤은 그냥 버리지 않아요. 2015년 대거 등장했던 신규 컬러도 마찬가지로, 라임 그린은 애플 그린과 옐로우를 섞은 것이며, 베리 크러쉬도 클라렛과 핫 핑크를 섞은 컬러입니다. 우리가 컬러를 바라보는 시각이 어떤 때는 패션 디자이너가 된 것 같은 느낌일 때도 있습니다. 사실 그래요, 패션이 트렌드에 민감한 것처럼 우리도 매

년 컬러 트렌드를 분석하고 반영하려 노력하고 있습니다.

전 세계적으로 가장 브롬톤 수요가 많은 나라는 어디인가요?

한국입니다. 일본과 1, 2위를 다투고 있지요. 미국 시장을 제외하고는 한국이 압도적입니다. 땅이 넓어 주로 자동차를 타고 다니는 미국이나 유럽 시장보다는 아무래도 자전거 활동량이 많은 아시아 시장에서의 성장률이 높은 편입니다.

와, 한국이 1위라니 놀랍네요. 그렇다면 전 세계 브롬톤 유저들의 특징과 선호 컬러가 궁금합니다.

브롬톤 유저들은 나라와 언어를 초월해 비슷한 성향을 가지고 있는 것 같습니다. 주로 크리에이티브한 발상을 갖고 있는 이들이 많아요.

초창기 브롬톤의 고객들은 주로 디자이너나 건축가 같은 직업군이 많아 아티스트적인 성향이 강했습니다. 처음엔 브롬톤의 클래식한 디자인, 컬러에 매료되었다가 기능적인 부분에서도 만족하기에 브롬톤을 선택하는 것이죠. 다른 자전거를 구입할 때와는 상당히 다른 방식의 접근이에요.

브롬톤은 초창기 모델부터 지금까지 디자인이 거의 바뀌지 않았습니다. 런던에서 여러 장인들의 손을 거쳐 정성껏 만들어진 브롬톤의 품질과 기능에 영국적인 클래식함까지 더해졌다는 점에서 많은 브롬톤 유저들이 매력을 느끼는 것 같습니다. 브롬톤만의 감성은 그 어떤 자전거도 따라할 수 없는 고유한 특징이니까요.

브롬톤의 본고장 영국에선 압도적으로 레드, 블랙 컬러가 인기입니다. 터키쉬 블루 컬러도 출시되자마자 큰 인기를 얻으며 인기 3위를 차지하고 있고요. 인기 삼인방인 레드, 블랙, 터키쉬 블루와 나머지 컬러의 인기 격차는 상당히 큽니다. 브롬톤 매장에서 레드, 블랙 컬러가 빠져 있어 새로운 컬러를 추천해 주어도 결국 대부분의 고객들은 레드, 블랙을 찾습니다. 매장에 없으면 주문을 해서라도 기다려서라도 구입하는 거죠. 이런 점에서 영국인들의 고집스러운 모습을 엿볼 수 있어요.

일본에서는 레드, 블랙, 레이싱 그린 세 가지 컬러가 인기입니다. 일본 유저들도 영국과 마찬가지로 새로운 컬러에 대한 도전을 좋아하지 않습니다. 아무래도 브롬톤 유저들의 나이 대가 높은 편이어서 그런 것 같기도 합니다. 일본 브롬톤 유저들은 60대, 은퇴하신 분들이 많아요. 한국 유저들에 비해 연령층이 높죠. 그래서인지 클래식하고 영국적인 느낌을 좋아하고, 브롬톤의 컬러보다는 다양한 액세서리, 주로 가죽으로 된 액세서리로 브롬톤을 꾸며 클래식한 느낌을 더하는 유저들이 많습니다. 도시를 다니기보다는 기차 등의 교통수단을 이용해 여행을 다니는 유저들이 많더군요.

태국도 새롭게 떠오르고 있는 아시아 시장입니다. 주로 수입이 많은 40대 비즈니스맨이나 엔터테인먼트업계, 무역업계 종사자들이 많은 편입니다. 새로운 것을 좋아해서, 신규 컬러나 상품에 대한 관심이 높습니다.

싱가포르 유저들도 젊은 편에 속하고, 여성 유저가 많아서인지 밝은 컬러를 선호합니다. 가장 눈에 띄는 점은 대부분의 유저들이 믹스 컬러를 선호한다는 점입니다. 싱가포르 유저들은 믹스 컬러가 더 고급스럽고 자신의 아이덴티티를 잘 드러낸다고 생각합니다. 비율로 보면 믹스 컬러와 단색 컬러가 9대 1의 비율로, 믹스 컬러의 인기가 압도적입니다. 굉장히 다양하고 멋진 믹스 컬러 유저들이 많아요. 같은 아시아지만 컬러에 대한 선호도와 인식이 한국, 일본과는 확연하게 다르다는 점이 흥미롭습니다.

홍콩은 유저들의 수가 많진 않지만 그들의 응집력이 굉장히 강해요. 젊은 이들은 거의 없고, 주로 50대가 많습니다. 영국 문화를 좋아하고 브롬톤의 클래식함에 매력을 느끼는 유저들의 충성도가 높아, 마케팅도 거의 하지 않습니다. 투톤 컬러와 단색 컬러의 유저 비율이 6대 4 정도인데, 동서양의 문화가 공존하는 분위기의 영향 탓인지 투톤과 단색 유저도 비슷한 비율로 공존하는 양상을 보이고 있습니다.

한국은 전 세계에서 브롬톤 수요가 가장 높은 나라답게 유저들의 나이가 가장 젊고 활동적입니다. 컬러 선호도는 99퍼센트의 비율로 단색 유저가 압도적이고요. 투톤 커스텀 주문이 단색 주문에 비해 시간이 오래 걸린다는 점도 영향을 미쳤을 텐데요. 한국 유저들은 질리지 않고 오래 탈 수 있는 단색 컬러를 선호하는 편입니다. 다른 나라처럼 선호 컬러가 정해져 있진 않고, 다양한 컬러가 골고루 인기 있는 양상을 보이고 있지만, 로우 라커 컬러에 대한 선호도는 확연히 높습니다. 로우 라커는 고급 컬러로, 한국과 미국에서 특히 인기가 많습니다. 로우 라커와 티타늄 모델의 가격대는 다른 컬러와 모델에 비해 높지만, 둘의 조합은 정말 멋집니다. 참고로 티타늄 모델은 미국에서 인기가 많습니다. 미국 유저들은 대체로 스포츠를 좋아하고, 브롬톤을 차에 싣고 먼 곳으로 나가 라이딩을 하는 이들이 많습니다. 물론 뉴욕이나 보스턴, 시카고 같은 도시에서는 주로 출퇴근용으로 브롬톤을 타고요.

기어에 대해 말하자면, 유독 아시아 국가에서 6단의 선호도가 높습니다. 2단의 경우 싱글 기어이기 때문에 선택의 여지가 없고, 6단의 경우 2단, 3단, 6단까지 모두 사용할 수 있어 선택의 폭이 넓어지니 주로 6단을 선택하는 것 같습니다. 사실 평소엔 주로 평지를 달리기 때문에 기어를 조작할 필요가 거의 없어 6단이 크게 쓸모가 없습니다. 그러나 여행을 떠났을

경우엔 평지만 있는 게 아니라 언덕도 많이 넘어야 하니, 이때는 6단이 매우 유용합니다. 준비성이 철저한 아시아인들은 여행에 사용할 것에 대비하여 6단을 선호하는 것이 아닐까요.

마지막으로, 한국 브롬톤 유저들에게 한 마디 부탁드립니다.

자전거로서, 모험의 동반자로서, 브롬톤을 선택한 것을 축하합니다. 계속해서 당신의 모험과 여행을 이어 나가세요. 아직도 수많은 여정이 당신 앞에 남아 있습니다. 당신의 브롬톤과 당신의 길을 만들어 나가세요. 당신이 그 길을 즐기는 한, 앞으로 뭐든지 할 수 있을 겁니다.

keep on your cycling!

About Brompton

브롬톤 모델 명 읽기

브롬톤을 구입하기 전, 브롬톤 모델 명을 부르는 용어가 낯설었던 기억이 있다.
M3L WH / WH, P6R RG / RG, S2E YE / YE 등……
브롬톤을 처음 접하던 나로서는 답답하기 짝이 없었다. 하지만 알고 나면 별것 아닌, 브롬톤 모델 명 읽는 법을 알아보자.

※ M2E RD/RD

M2E RD/RD

M: 핸들바의 형태

M바는 M, P바는 P, S바는 S, H바는 H로 표기한다.

2: 기어 단수

1, 2, 3, 6단 네 가지 기어 단수가 있다. 숫자가 높아질수록 언덕이나 높은 지대를 오르기 수월하다.

E: 짐받이(리어 랙) 유무

R - 짐받이와 머드가드가 있는 버전
L - 머드가드만 있는 버전
E - 짐받이와 머드가드 둘 다 없는 버전

RD/RD: 색상 명

'메인 프레임 색상/나머지 파트 색상'으로 표기한다.
RD/RD는 레드 색상 단색 모델이며,
두 색상이 조합된 경우,
BU/WH 같은 식으로 표기한다.

브롬톤 외형 알아보기

❶ 프레임

스틸과 슈퍼라이트 두 가지 중 선택할 수 있다.
둘의 차이는 '무게'와 '가격'이다.
슈퍼라이트 프레임은 포크와 리어 프레임을
티타늄 소재로 제작하여 약 740그램가량 경량화가
가능하다. 하지만 무게가 가벼워지는 것과
반비례하여 가격은 올라가기에 일반적으로
스틸 모델을 선택하게 된다.

❷ 색상

브롬톤은 기본 색상(블랙, 화이트)과

일반 색상(템페스트 블루, 베리 크러쉬, 터키쉬 그린,

레이싱 그린, 아이보리, 오렌지, 레드, 라임 그린, 체리 블라썸,

라군 블루), 로우 라커의 열세 가지 색상으로 구성되어

있다. 2016년에는 스타더스트, 니켈 에디션,

블랙 에디션 색상이 추가되었다.

기본 색상, 일반 색상과 로우 라커는 마감 방식에

차이가 있으며, 2016년 신형인 스타더스트

색상은 기존 무광인 블랙 색상과 달리

유광 블랙에 펄이 가미된 색상으로 신비감을 준다.

2016년 전 세계 1천 5백 대 한정판으로

출시되는 니켈 에디션은 모든 프레임이

니켈 도금 색상으로 구성되어 있다.

기본은 단색이나, 커스텀 주문 시

메인 프레임과 익스트레머티(스티어러 튜브, 리어 프레임)로

나누어 두 색상 조합도 가능하다.

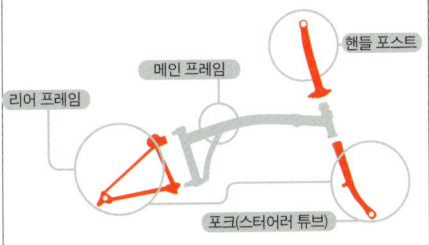

❸ 핸들바

브롬톤은 가장 대중적인 M바와 더불어 P바, S바,
H바까지 총 네 가지 핸들바 선택이 가능하다.
입문용으로는 클래식한 M바를 주로 고르게 되는데,
타다 보면 자신의 라이딩 스타일에 따라
다른 핸들바로 바꾸기도 한다.
나는 처음 M바를 타다가 P바로 변경하였는데,
결심하기까지 꽤 오랜 시간이 걸렸다.
아무래도 M바의 클래식함을 버릴 수가 없었기에.
하지만 장시간 라이딩과 여행용으로는
P바 만한 게 없다는 걸 몸소 깨닫고 나서
미련 없이 P바로 변경했다.
라이딩 스타일은 타다 보면 점점 바뀔 수도 있으니,
만약 질리거나 바꾸고 싶다면 핸들바만 바꾸어도
새 자전거를 타는 기분이 들 것이다.

**클래식한 디자인으로
가장 사랑받는 M바
(높이: 1,015밀리미터)**

브롬톤의 시그니처 핸들바로,
클래식한 디자인은 물론이며 안락한 주행용으로
많은 유저들이 선택하고 있다.

장점: 안정적인 자세로 라이딩이 가능하고,
어떤 프론트백을 달아도 핸들바 간섭이 없다.
무엇보다 클래식한 디자인이 매력이다.

단점: 라이딩 자세가 한정되어 있어,
장시간 라이딩 시 손목 저림 등의 증세로
유저의 피로도가 높아질 수 있다.

**장시간 라이딩이나
여행용으로 적합한 P바
(높이: 880밀리미터 / 1,033밀리미터)**
다양한 그립 포지션을 제공하는 핸들바로,
장시간 라이딩에도 편안한 주행감을 선사한다.

장점: 다양한 자세로 라이딩이 가능해,
장시간 라이딩에도 피로도를 줄일 수 있다.
다른 핸들바에 비해 포지션이 높은 편이라
안정적이고 편안한 라이딩을 할 수 있다.
단점: 프론트백 사용 시, 내용물을 높게 올리면
핸들바 간섭이 있을 수 있다.
하지만 대부분의 경우 간섭이 있을 정도로
프론트백에 내용물을 많이 넣지 않기 때문에
큰 문제는 되지 않는다. 완폴 후 들었을 때
다른 핸들바에 비해 폴딩이 잘 풀리는 편이다.

**경량과 스피드를 원한다면
S바
(높이: 935밀리미터)**
일반적인 자전거에서도 흔히 볼 수 있는 형태인
S바는, 상대적으로 무게가 가볍고 바람의
저항을 덜 받는 편이다.
낮은 포지션을 취할 수 있어
속도 내기에 적합한 형태의 핸들바이다.

장점: 무게가 가벼워 경량으로 꾸미기에 적합하다.
핸들바가 낮은 편이라 스포티한 자세가 가능해,
속도감을 즐길 수 있다. 샤프하고 심플한
디자인이 깔끔한 느낌을 준다.
단점: 라이딩 자세가 한정되며, 핸들바가 낮아
프론트백 사용 또한 한정적이다.
미니O백이나 S백 정도는 괜찮지만,
C백이나 T백의 경우에는 핸들바 간섭이 있다.

키가 큰 유저를 위한 H바
(높이: 1,072밀리미터)

M바와 동일한 스타일이나, 핸들바 포스트가 길어 주로 키가 큰 유저들이 사용하기에 적합한 모델이다.

장점: M바의 디자인에 여유 있는 핸들바 포스트를 갖추고 있어, 장신(長身)의 유저가 사용하기에 적합하다. 일반 유저가 사용하기에 포지션이 높을 수 있지만, 장시간 라이딩을 하거나 여행 시에는 안정적인 자세를 취할 수 있다.

단점: M바와 마찬가지로 한정된 라이딩 자세로, 장시간 라이딩 시 유저의 피로도가 높아질 수 있다. 일반 유저가 평상시 사용하기에는 포지션이 높은 편이다.

❶ 기어

기어는 1, 2, 3, 6단의 네 가지로 구분되며, 커스텀 시 기어비를 +8에서 -18%까지 조정할 수 있다. 기어 단수가 높아질수록 언덕이나 높은 지대를 오르기 수월하다. 3단과 6단이 다양한 기어 단수를 사용할 수 있어 편리하지만, 3단부터는 내장 기어를 장착하여 무게감이 늘어난다는 단점이 있다.
유저의 라이딩 목적과 형태에 따라 기어 단수를 선택하면 된다.

도심과 평지 라이딩에 적합하다.

언덕을 오르거나 가속 시 필요한 기어와 크루징을 위한 기어로 구성되어 있다.

견고한 허브 3단 기어로 라이딩 빈도가 높은 이들에게 적합하다.

장거리를 비롯해 모든 코스를 즐길 수 있는 올라운드 기어 타입이다.

❺ 머드가드 & 짐받이(리어 랙)
머드가드와 짐받이 또한 자신의 라이딩 스타일에 따라 선택한다.

E 버전 : 가장 가볍고 스포티한 버전. 경량으로 꾸밀 시 적합하지만, 머드가드가 없어 쉽게 더러워질 수 있다.

L 버전 : 앞뒤에 머드가드가 장착된 버전으로, 궂은 날씨와 데일리 라이딩에 적합하다.

R 버전 : 머드가드와 짐받이가 장착된 버전으로, 최대 10킬로그램까지 실을 수 있어, 캠핑이나 장기 여행용으로 적합하다.
짐받이와 함께 달린 끈으로 고정하면 웬만한 짐은 끄떡없이 고정되어 평상시에도 유용하게 사용할 수 있다.

리어 랙, 짐받이는 정말 유용하게 쓰인다.
짐받이가 있으면 폴딩 시 안정적이며 끌 때도
편하고, 최대 10킬로그램의 짐을 실을 수도 있어
'생활톤'으로 사용하기 적합하다.
특히 브롬톤 캠핑을 할 때는 가방이나
짐을 실을 수 있어 편리하다.
짐받이의 쓰임새가 확실치 않다면
처음엔 짐받이 없는 버전으로 구입 후
나중에 필요하게 되면 달아도 되고,
반대의 경우에도 짐받이가 있는 버전을 샀다가
필요 없다고 판단되면 떼어도 되니
크게 고민하지 않아도 된다.

나에게 맞는 브롬톤 찾기

주로 어떤 용도로 브롬톤을 사용할 예정인지,
라이딩 목적을 먼저 고려해 보면 선택이 수월하다.
나는 처음엔 퇴근 후나 주말 라이딩 목적으로
M바+ L 버전을 구입했다.
하지만 점점 장거리 라이딩과 여행,
브롬톤 캠핑을 떠나는 용도로 바뀌어,
지금은 P바+ R 버전으로 변경하였다.
이렇게 브롬톤과 함께하는 삶의 방식에 따라
모델도 충분히 바뀔 수 있으므로,
첫 선택에 너무 많은 시간 고민하지 말자.

- 라이딩을 즐긴다면, **S바 + L 버전**
- 자출용이나 어반 라이딩을 주로 한다면,
  M바 + L 버전
- 동네 마실용, 가끔 장보기용으로도 사용한다면,
  M바 + R 버전
- 장거리 라이딩이나 캠핑, 여행이
  주 목적이라면, **P바 + R 버전**

그래도 모르겠다면, 타 보고 선택하자
브롬톤 데모 바이크

자동차도 구입 전에 시승을 하듯, 브롬톤도
타 봐야 나에게 맞는 옵션을 파악하기 수월하다.
브롬톤 취급 매장에서는 데모 바이크를
운영하여 브롬톤 시승 기회를 제공하고 있다.
다양한 옵션과 색상을 눈으로 확인하고,
직접 타 본 뒤 선택하자.

서울
풀아우터 02-2205-5350 S2E RL / P6R TM / M6R RG / M6R BK
광진OMK 02-453-2846 P6R RL / M6R RL / M6R RG / H6R RG
팩토리원 02-464-0254 P6R TM / M6R RL
쌩이샵 02-336-6675 P6R RG / M6R BK
벨로픽스 070-8615-5072 P6R RL / M6R TM
벨로라떼 070-8771-8586 M6R RL / H6R RG
(주)바이키 성북점 070-8677-5413 S2E BK / P6R IV / M6R TG / M6R RG
(주)바이키 뚝섬점 070-8771-8586 S2E TM / S2E OR / P6R BK / M2L BK
BB5 02-6401-9770 P6R RL / M6R RL / M6R IV / M2L TM
원효로바이크 02-713-0329 S2E RL / M6R RG
페럴캣바이시클 010-2620-4842 P6R RL / M6R RG / M3L TM
벨로인 02-471-1186 P6R RG / P6R LB / M6R LB / H6R LB
수딩바이크 070-8677-5867 M6R RL
(주)바이키 양재점 / 070-8677-3579 M6R RL
EX MTB (레포츠캠프) / 02-3664-8108 M6R RL
킴스바이크 / 02-2281-0880 M6R IV / M6R LG / P6R CY

경기 / 인천
쿠샵 031-714-9896 P2L RG / M2L BK / H2L BK
안녕자전거(hellow!bicycle) 031-755-1785 S2E BK / M6R RL / M6R TM
(주)벨로이앤지〈벨로엠〉 02-899-7070 S6L RG / P6R TM / P6R RL / M6R RL
아름다운자전거 031-905-5513 M6R RL / M2L RG / H6R RL
꿈꾸는 자전거 031-917-0102 P6R BK / M6R RL
테이크아웃바이크 070-7737-7733 P6R RL / P2L TM / M6R RL / M2L RG
엔에스엠바이크 032-322-3837 S2E RL / P6R RL / M6R RL / M2L RG
형제자전거 010-5775-5848 P6R RG / M6R RL
하이텐 031-8005-8400 M6R RL / S2E LB
안산 MTB 031-407-5955 S6L RG / M6R RL
신스(부평) 032-502-2758 S6L RG / P6R RL / M6R RL
벨로하우스 070-4206-7772 S2E BK / P2L RL / M6R RG / M2L TG
바이크브로스 070-4221-7766 P6R RL
바이 바이씨클 031-852-0972 S2E TM / P6R RG / M6R RL / M2L RL

대전 / 대구 / 부산 / 광주 / 충북
파라마운트 053-766-1212 S2E RL / M6R TM / M6R RL / M6R RG
모노클자전거 070-8677-5599 S2E IV
제로바이크 070-4685-4375 M6R RG / M6R RL
정바이크 051-553-1149 M6R RL / P6R RL
엠티비월드 051-303-5110 M6R RL
알프스 레포츠 042-524-3440 S2E TG / P6R TM / M6R IV / M2L LG
503 자전거 010-6711-5030 P6R IV / P2L RL / M6R RL / M2L BK
벨로피아 062-371-8949 S2E TG / P6R LB / M6R RL / M6R RG
LEPAK 062-372-0005
센스네 043-288-8033 M6R RL / M6R RG / M2L TM / M2L LB

브롬톤 구매하기

산바다스포츠
(www.sanbadasports.co.kr)

브롬톤 한국 공식 수입사인 산바다스포츠 홈페이지를 통해 제품에 대한 다양한 정보를 확인할 수 있으며, 커스텀 오더가 가능하다. 프레임 종류, 핸들바 타입, 기어, 머드가드&짐받이 등 다양한 옵션 선택이 가능하며, 평균 12주의 기간이 소요된다.
모든 과정은 브롬톤 전문 매장의 도움을 통해 진행이 가능하며 나만의 맞춤형 브롬톤을 주문할 수 있다는 큰 장점이 있다.

전문 매장에서 구매하기

데모 바이크를 이용한 매장에서 문의 후 구매하는 방식이 일반적이다. 전문 매장에서 브롬톤을 구매하게 되면 추후 꼭 필요한 용품을 구비하거나 폴딩 방법을 배우기에도 좋지만, 무엇보다도 브롬톤을 타면서 고장이 나거나 정비를 해야 할 때 손쉽게 찾을 수 있어 든든하다. 거주지에서 가깝거나 동선이 맞는 매장을 찾아 단골로 삼는 것이 가장 좋다.
하지만 매장에 구비되어 있는 제품에 한해서만 선택할 수 있고, 매장에 없는 컬러나 모델은 커스텀 오더와 마찬가지로 오랜 시간 기다려야 하는 단점이 있다.

중고 제품 구매하기

브롬톤의 경우, 중고 거래를 해도 감가상각비가 거의 없는 편이다.
중고 가격이 어느 정도 보장되어 있고, 단종 컬러를 구할 수도 있으며, 전 주인이 잘 꾸며 놓은 브롬톤을 합리적인 가격에 구입할 수도 있다. 또한 브롬톤은 고유의 차대번호를 가지고 있어 중고 제품을 구입할 때 이 차대번호를 통해 연식을 파악할 수 있다.
하지만 중고 거래를 할 경우 감안해야 할 사항들이 몇 가지 있다. 일단 모델이나 색상 등의 선택권이 없고, 새 제품에 비해 당연히 사용감이 있으며, 새 제품을 구입할 때보다 제품의 상태를 꼼꼼하게 살펴봐야 하기 때문에 사전 지식을 익혀야 불이익을 당하지 않을 수 있다.
중고 제품 구입 시 부품의 상태를 면밀히 살펴보는 것은 기본이다.
중고 브롬톤은 많은 중고 카페에서 거래되고 있기는 하지만, 브롬톤 유저들이 많이 활동하는 네이버 카페
'브롬토니아/브롬동' (cafe.naver.com/brompton),
'내 마음 속의 미니벨로/미벨동' (cafe.naver.com/minivelobike)에서 구매하는 것을 추천한다.

tip

중고 제품을 거래할 때, 무조건 가격이 낮다고 좋은 것은 아니다. 예를 들어, 기어 단수가 낮은 경우 가격은 더 저렴하며, 짐받이가 없는 경우에도 가격이 저렴하다.
반면 안장이나 기타 액세서리가 포함되어 있는 경우에는 가격이 좀 더 올라갈 수 있다.
그러기에 중고 제품 구매 시 단순히 가격만 보고 판단하지 말고, 모델 명과 옵션 등을 꼼꼼하게 살펴보고 구입하도록 하자.

BROMPTON
TEMPEST BLUE

5

우연과
모험으로 점철된
야외 생활

도저히 희망이라는 것을 품을 수 없을 때
무작정 자전거를 타고 나가
아무런 생각도 하지 말고
그저 달리고 있다는 사실만을 떠올려라.
- **아서 코난 도일** Arthur Conan Doyle

브롬톤에
몸을 싣고 오는
권말 부록

    브롬톤을 타고 나서 다시금 돌아보게 된 것이 있다. 나를 스치는 상쾌한 바람결, 향긋한 풀 내음, 계절마다 다르게 피는 들꽃 같이 알아주지 않아도 늘 거기 있어 주는 고마운 풍경들이 바로 그것. 다시 보이는 그 풍경들에 이끌려 떠나고 떠나는 일을 반복하다 보니 새로운 취미가 하나 더 늘었는데, 바로 캠핑이다.

    브롬톤을 만난 것이 우연이었다면, 브롬톤을 타고부터 캠핑을 하게 된 것은 분명 필연이었을 것이다. 브롬톤과 캠핑은 우연과 필연으로 똘똘 뭉쳐 브롬톤 캠핑이라는 존재로 탄생했는데, 집순이인 나까지 단박에 끌어들일 정도로 충분히 매력적이다. 손가락 하나로 모든 것이 가능한 편리한 시대이다 보니, 필요한 것이 바로 수급되지 않는 장소에서 무엇이든 내

손으로 만들고 수시로 응급 대응을 해야 하는 캠핑은 더욱더 불편하게만 느껴진다. 하지만 행복과 편안함은 동의어가 아니기에, 나는 많은 불편함을 감수하면서 캠핑을 떠난다. 게다가 나에게는 브롬톤이 있지 않은가. 캠핑 자체도 이미 충분히 매력적인데, 그걸 넘어 브롬톤 캠핑이다.

백패킹과 마찬가지로 짐받이에 싣고 갈 배낭에 최소한의 짐을 꾹꾹 눌러 담으며 캠핑을 준비하는 시간은 언제나 고민스럽고도 즐거운 수고로움을 동반한다. 비슷한 짐일지라도 캠핑 짐을 꾸리는 순간은 매번 소풍 전날의 그것처럼 설레는데, 넣었다 뺐다를 반복하지만 아이러니하게도 결국 넣게 되는 물건은 정해져 있다. 그래서일까. 적지 않은 짐을 꾸리고서 오가는 여행길에 나는 어제보다 더 나다운 나를 발견하게 된다.

브롬톤 캠핑의 짐 싸기는 백패킹의 형태와 비슷해 보이지만 사실 조금 특별하다. 브롬톤에게는 프론트백이라는 든든한 지원군이 있기 때문. 캠핑용으로는 투어링 프론트백인 T백이 유용하게 쓰인다. T백과 배낭 그리고 브롬톤이면 브롬톤 캠핑 준비 끝. 앞에는 프론트백, 뒷바퀴에는 커다란 배낭, 여기에 안장 위의 나까지 거뜬하게 싣고 달려 주는 브롬톤. 이쯤 되니, 어쩌면 이렇게 작은 몸집으로 이 무거움을 견디는지 브롬톤이 기특하기까지 하다.

캠핑도 라이딩처럼 혼자 떠나도 좋지만, 둘이 떠나면 더욱 좋고, 여럿이 떠나면 어깨가 들썩들썩 즐거워진다. 각자 텐트를 치고, 각자 가방에 메고 온 짐을 풀어 음식을 만들고, 식량에 가까워 보이는 조촐한 메뉴들을 들고서 모두가 한자리에 모인다. 도시의 밥상보다 모양새도 떨어지고 가짓수도 적지만, 우리들 마음에는 자연을 위해 남기지 않고 먹겠다는 예쁜 다짐이 있고 점점 비워지는 그릇들 위로는 별빛들이 하나둘 내려앉는다. 캠핑의 저녁밥에는 어느 맛집의 음식과도 비교할 수 없고 집 밥의 단정한 즐거움에도 비할 바가 아닌, 가슴 뜨거운 맛이 있다. 와글와글 캠핑의 밤이 저물어 감에 따라 라이딩으로 지쳤던 체력은 상승 곡선을 타고, 무거웠던 가방이 한결 가벼워진 만큼 마음 역시 가뿐해진다.

  브롬톤을 완폴하여 각자의 텐트 안에 쏘옥 넣고 나면 이제는 잠에 들 시간. 텐트 속 포근한 침낭 안에 몸을 뉘면, 즐겁고도 고단했던 하루도 단잠과 함께 스르륵 녹아 버린다.

  캠핑의 아침은 늘 도시의 그것보다 빨리 찾아오고는 한다. 상쾌한 아침 공기를 마시며 모닝커피 한 잔과 함께 맞이하는 캠핑의 아침은 어느 때보다도 고요하고 향기로운 시간이다. 침낭 안에 웅크리고 잠들었던 나도 텐트 안에 웅크리고 있던 브롬톤도 각자의 충전 시간을 마치고 기지개를 켜며 다시 달릴 준비를 해 본다. 깊은 심호흡으로 자연의 향기를 느끼고 푸르름을 두 눈에 가득 담으며 자연에게 잠시 빌린 장소를 깨끗하게 정리하고 돌아오는 길, 아쉬움에 발걸음이 쉽사리 떨어지지 않지만 다시 한 번 힘차게 브롬톤의 페달을 밟아 본다. 복작복작한 도시를 향해.

TRAVEL
with
BROMPTON

남해

날카로운 첫 브롬톤 캠핑의 추억

브롬톤을 사기로 결심하고 구매까지 걸린 시간이 순식간이었다면, 캠핑을 하기로 결심하고 용품 구매까지 걸린 시간은 마치 찰나 같았다. 용품을 구매하는 찰나의 시간들은 매 순간 즐거웠고, 하나하나 갖추어 나가다 보니 제법 캠퍼가 된 기분까지 들었다.

어느 정도 준비가 되고 슬슬 떠나야 하지 않나 몸이 근질거리던 중, 브롬톤 동호회 친구들과 가게 된 남해 브롬톤 캠핑. 드디어 가게 된 첫 브롬톤 캠핑에 우리는 설레는 마음으로 짐을 꾸리기 시작했다.

처음이라 그런 걸까. 고작 하룻밤 자는데 왜 이리 챙길 짐이 많은지. 이것도 필요할 것 같고, 저것도 필요할 것 같고, 가방은 이미 터지기 일보 직전인데도 아직 담지 못한 짐들이 바닥에 산더미처럼 쌓여 있었다. 여행을 많이 다녔던지라 짐 싸는 데는 고수라고 생각했었는데, 캐리어와 배낭의 패킹법은 달라도 너무 달랐다. 일단 짐을 줄여야만 했다. 상당히, 많이. 뭘 더하고 뭘 줄여야 할지 안다는 것이 이렇게 어려운 일이라는 것을 새삼 깨닫는다.

그래도 다행이었던 건, 브롬톤 캠핑을 떠나는 우리에겐 배낭 말고도 브롬톤의 여행용 프론트백인 T백이 있다는 사실! T백에는 주로 음식들을, 배낭에는 침낭과 텐트, 의류 등의 짐을 차곡차곡 나누어 담았다. 줄인다고 줄인 짐인데도 마치 세계 일주를 떠나는 것처럼 그득그득했다. 쉬고 싶어 떠나는 캠핑인데, 뭐 그리 쥐고 가는 게 많은지. 지금 생각하면 '매우 과했던' 첫 브롬톤 캠핑의 짐이었지만, 괜찮다. 모든 처음은 그렇게 과하고 서툰 법이 아닌가.

브롬톤에 배낭을 달기 위해 안장에 봉을 장착하고, 단단히 배낭을 고정시켰다. 자, 이제 정말 출발이다.

남해로 가는 버스를 타려고 남부터미널에서 모인 열일곱 대의 브롬톤. 색상도 모델도 배낭도 어느 하나 같은 것이 없는 열일곱 대의 브롬톤들은 마치 열일곱 색 크레파스처럼 각자 자기만의 색을 드러내고 있었다.

심야버스 점프를 통해 도착한 남해터미널에서 목적지인 몽돌해수욕장까지는 라이딩으로 가기로 했다. 새벽 라이딩에 대비해 야광봉과 야광조끼, 각종 조명들을 총출동하여 일렬로 달려가는 브롬톤의 행렬은 말 그대로 '색'다른 풍경이었다. 전방 후방 라이트 총동원에, 배낭과 헬멧에도 줄줄이 매단 조명들의 빛을 따라 달리던 새벽 라이딩. 모두가 아직 잠들어 있을 시간, 막힘없이 미끈하게 뚫린 도로와 인적 없는 거리를 달리니 마치 우리를 위해 깔린 레드 카펫 위를 사뿐사뿐 거니는 듯 특별하게만 느껴졌다. 아무도 없이 온통 우리들뿐이었다. 그리고 새벽을 가르며 빛나는 브롬톤뿐이었다.

  한 시간 정도를 그렇게 달렸을까. 푸르스름해진 하늘 사이로 어스름 동이 트기 시작했다. 바다와 산이 어우러진 남해의 동틀 녘은 살풋 밀려오던 잠이 번뜩 깰 정도로 눈부셨고, 어둑했던 시야가 밝아지니 페달링도 더 가뿐해졌다. 하지만 날이 밝아온다는 건 이제 도로 위로는 자동차들이 거리에는 사람들이 다니기 시작한다는 뜻. 열일곱 대의 브롬톤이 안전하게 목적지까지 이동하려면 좀 더 서둘러야만 했다. 왼쪽엔 남해 바다를, 오른쪽엔 산과 밭을 배경으로 달리는 상쾌한 아침 라이딩을 무사히 마치고 도착한 몽돌해수욕장. 목적지에 도착한 것은 좋았지만, 사실 그곳은 초보 캠퍼의 첫 브롬톤 캠핑 장소로는 가혹하기 짝이 없는 장소였다. 이름대로 울퉁불퉁한 몽돌 위에 텐트를 쳐야만 했기에. 캠핑 선배들의 능숙한 솜씨를 어깨 너머로 힐끔힐끔 훔쳐보며 어찌어찌 세운 텐트는 제법 그럴듯했다. 얼른 내 집을 짓고서 쉬고 싶은 마음이 앞서, 소 뒷걸음질 치다 쥐 잡은 격이 된 건지도 모르겠지만 말이다.

  처음이라 솜씨는 다소 어설펐지만 우리만의 집을 짓고, 텐트 안을 정리

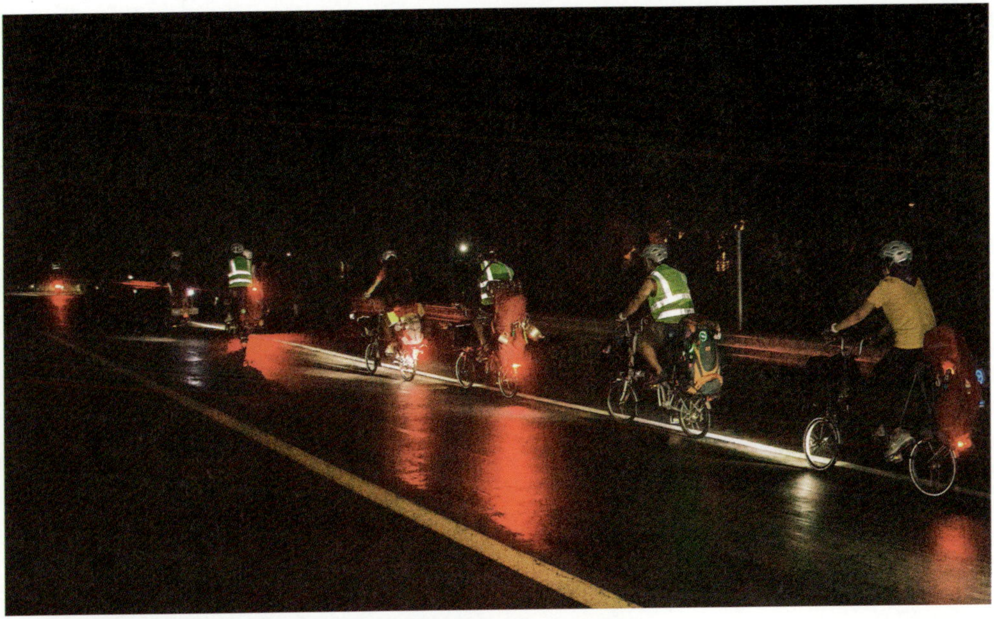

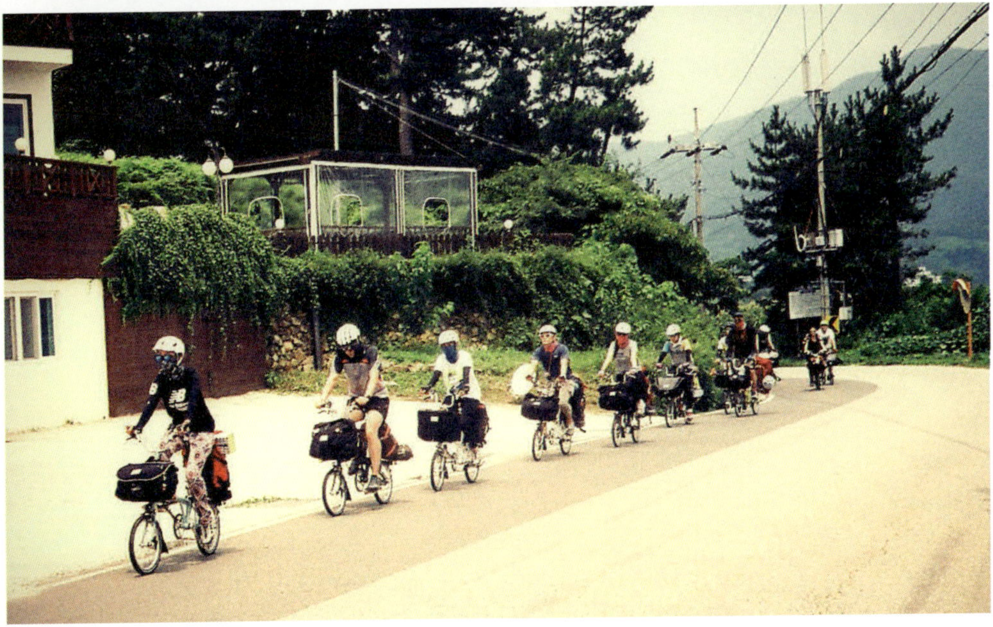

하고, 꾸려 온 짐을 푸는 일련의 행위들이 소꿉놀이를 하는 것처럼 신기하고 재미있었다. 같은 브롬톤이라도 각자의 개성이 다 다르듯이 우리들이 세운 작은 집들 역시 마찬가지였다. 몸만 쏙 들어갈 만한 크기의 1인용 텐트부터, 아기자기하게 텐트 주변을 꾸민 사이트, 데이지 체인이나 가랜드 등의 소품을 이용해 개성을 살린 사이트 등 텐트를 구경하는 재미도 쏠쏠했다. 그렇게 각자의 집을 짓고 나서 메인 타프에 옹기종기 모여 음식을 나누어 먹는 시간. 밀푀유 나베같이 평소 먹어 보지 못한 아기자기한 캠핑 요리뿐만 아니라 떡볶이, 어묵탕 등 캠핑의 시그니처 메뉴까지 각자의 음식을 한군데 모아 놓고 한 입씩 나누어 먹는 맛은 그야말로 꿀맛이었다. 좋은 사람들과 좋은 이야기, 좋은 음식들을 나누는 캠핑의 밤. 같은 하늘 아래서 같은 음악을 배경으로 한솥밥 먹고 즐거운 이야기를 나눈 것뿐인데 그새 우리는 오래 우정을 나눈 친구가 된 기분이었다. 오늘의 새벽 라이딩은 정다운 친구들이 나눈 오래된 추억처럼 느껴졌고, 아쉬운 캠핑의 밤은 낯선 별빛들 사이로 반짝반짝 저물고 있었다.

  다음 날, 아침 겸 점심을 먹고 철수한 우리는 근처 다랭이 마을 라이딩을 하고 역으로 돌아가기로 했다.

  - 다랭이 마을? 거기가 어딘데?

- 되게 아기자기하고 예쁜 집들이 모여 있는 마을이래.

- 와, 예쁘겠다.

남해의 아름다운 마을을 구경할 수 있겠다는 기대를 안고 간 우리. 그.러.나. 다랭이 마을로 향하는 길은 멀고도 험했다. 멀어도 너무 멀었다. 심지어 라이더들에게 쥐약인 '지옥의 오르막길'이었다. 브롬톤만 타고 올라도 숨이 턱턱 막히는 구간을, 프론트백과 배낭까지 싣고 오르려니 '아이고, 아이고' 여기저기서 곡소리가 절로 나왔다. 하하 호호 이야기를 나누며 달리던 우리는 어느새 말수가 적어졌고, 땀이 비 오듯 줄줄 흘러내렸다. 한여름이었고, 심지어 한낮, 우리는 브롬톤과 프론트백, 배낭을 싣고 땡볕을 달리고 있었다. 웬만하면 브롬톤에서 내리지 않는 나도 더위와 무게 앞에선 두 손 두 발 다 들고 말았다. 정말이지 너무 더웠고, 너무 무거웠다. 내 한 몸 편하자고 도시에서 잔뜩 짊어지고 온 짐들이 후회스러웠다. 「헨젤과 그레텔」의 빵 조각처럼 짐 하나하나씩 길바닥에 버리고 싶은 마음이 굴뚝 같았다. 하늘이 노랗다는 게 이럴 때 쓰는 표현이구나. 안 되겠다 싶어 오르막길 옆 잔디밭에 브롬톤을 눕혀 놓고 털썩 주저앉았다. 한 점 그늘에 브롬톤도 나도 그대로 몸을 뉘고 그대로 KO. 너무도 목이 말랐고, 급기야 입에서는 단내가 나는 것 같았다. 그렇게 모두가 지치고

목마르던 때, 누군가 물통을 꺼내 들었다. 오랜만에 듣는 찰랑찰랑 물소리에 눈이 번쩍 뜨인 우린 너도 나도 한 모금씩 얻어 마시겠다며 줄을 섰다. 가뭄 때 땅처럼 쩍쩍 갈라져 있던 우리의 목마름이 나누어 마신 한 모금 물로 조금은 해갈이 되면 좋았겠지만, 모자랐다. 한참이나 모자랐다. 휴게소가 얼마나 남았지. 휴게소의 물이란 물은 다 마셔 버릴 기세로 우리는 또 달렸다.

  브롬톤을 끌고 오르는 것도 힘이 들었고, 브롬톤을 타고 가는 것도 힘이 들었다. 고행 같았다, 정말이지. 하지만 우린 해냈고, 함께한 모두가 포기하지 않고 다랭이 마을이 한눈에 내려다보이는 휴게소에 도착해 각자 음료수를 하나씩 사 들고는 잠깐의 휴식을 즐겼다. 어쩌면 라이딩 후의 마실 것은 이리도 달콤한지! 이것도 마셔 봐, 내 것도 마셔 봐, 사이좋게 각자의 음료를 나누어 마시던 훈훈한 시간. 브롬톤 앞뒤로 짐을 싣고 달리는 고된 라이딩이지만 그래도 힘든 순간 서로 의지하고 격려하며 함께하는 친구들이 있기에 우리는 이렇게 계속 달리고 또 달리게 되는 것 같다.

  다들 하도 고생을 해서 '욕다랭이 마을'이라는 별명까지 만들어 낸 여행이었지만, 첫 브롬톤 캠핑 데뷔를 아주 호되게 한 만큼 우리는 이미 브롬톤 캠핑 고수가 된 듯했다. 브롬톤을 타고 오르는 일이 너무 힘들었지만, 브롬톤이 없었다면 올라갈 엄두도 내지 못했을 것이다. 나도 힘들었지만,

프론트백과 배낭을 짊어진 브롬톤도 못지않게 힘들었을 터. 펑크 없이, 사고 없이 무사히 나와 짐을 싣고 달려 준 브롬톤이 대견하게만 느껴졌다. 작고 예쁜 데다 튼튼하고 믿음직스럽기까지 한 나의 브롬톤. 브롬톤이 잘 버텨 준 덕에 머릿속은 이미 다음 브롬톤 캠핑에 대한 기대와 계획으로 차오르고 있었다.

TRAVEL
with
BROMPTON

강천섬

가을빛에 물들다, 강천섬

캠핑을 시작하고부터 국내의 아름다운 명소들을 찾아다니게 되었고, 그러면서 해외 관광 명소 못지않은 곳들을 알아 가는 즐거움이 생겼다. 예전에는 멀리 나가야 좋은 곳에 가는 거라 생각했지만 아름다움은 생각보다 멀리 있지 않았다, 내가 미처 몰랐던 것뿐.

강천섬도 캠핑을 하며 알게 된 곳 중 하나다. 여주터미널까지 버스 점프로 이동한 뒤 여주보를 따라 20~25분가량 라이딩을 하다 보면 보이는 곳. 소박하고 잔잔하지만 마음의 평온을 가져다주는 매력을 지닌, 아름다운 은행나무 길을 자랑하는 강천섬. 가을에 찾아간 강천섬은 노랗게 물든 은행잎으로 가을빛이 만발했다. 사실 강천섬은 캠핑장이 아니기에 여타 캠핑장처럼 세면장이나 샤워 시설 등이 갖추어져 있지 않다. 심지어 물을 구할 수 있는 식수대도 없기 때문에 캠핑을 하는 사람들은 그리 많지 않았고, 그나마 낮에 간간이 있던 텐트들도 저녁이 되자 거의 사라지고 없었다. 시설이 잘 갖추어져 있는 캠핑장은 편리하기는 하지만 이런 고즈넉

하거나 신비롭거나 아름다운 풍경 등은 포기해야 한다. 다 누릴 수는 없는 법. 비록 편리함은 포기했지만, 오붓한 캠핑을 즐길 수 있었던 강천섬의 밤. 날이 어두워지기 시작하고 주변에 불빛이 없으니 하늘의 별은 더 찬란하게 그 빛을 발했다. 금방이라도 쏟아져 내릴 것만 같이 잔뜩 흩뿌려진 별들을 바라보고 있자니, 도시생활자로 살아가며 알게 모르게 쌓여 있던 감정의 찌꺼기들이 싹 비워지는 기분이었다.

 이렇게 별빛 가득한 하늘을 본 것이 얼마 만인지. 가끔 맑은 날 보이는 별 몇 개가 전부인 도시의 밤하늘에만 익숙해 있던 나는 강천섬의 밤에게서 뜻밖의 선물을 받고는 황홀해졌다. 넓게 펼쳐진 잔디와 간간이 한두 그루씩 서 있는 나무에 드리워진 별빛과 이따금 불어오는 선선한 바람. 시간이 멈춘 듯, 무인도에 우리만 뚝 떨어져 있는 듯, 어느 때보다도 고즈넉했던 강천섬의 밤.

 모두가 아직 꿈나라에 있는 이른 새벽 시간, 강천섬의 또 다른 얼굴을 보기 위해 졸린 눈을 비비고 일어났다. 텐트에 촉촉이 서린 이슬이 심상치 않아 조심스레 텐트 문을 열어 보니, 어젯밤과는 또 다른 풍경에 퍼뜩 잠이 달아났다. 밤새 이슬비라도 내린 것처럼 텐트에 맺힌 물기, 그리고 눈앞에 펼쳐진 물안개의 향연. 시야의 반쯤까지 소복이 내려앉은 물안개는 한 치 앞도 제대로 분간할 수 없을 정도로 강천섬 주변을 둘러싸고 있었다. 나는 마치 미지의 섬에 첫 발을 내딛는 것처럼 조심조심 브롬톤을 타고 섬 주변을 돌아보았다.

오래지 않아 물안개는 조금씩 걷히고, 언제 그랬냐는 듯 맑게 떠오른 하늘. 부지런한 자에게만 모습을 허락했던 물안개는 그렇게 아련하게 사라져 버렸다.

온통 은행나무의 노란빛으로 물들었던 낮의 풍경과 새카맣게 오로지 하늘의 별만 총총 빛나던 지난밤 그리고 새벽의 물안개 낀 풍경까지. 1박 2일 동안 강천섬이 보여 준 다양한 빛깔의 얼굴들. 이 아름다움을, 이 생경함을, 또 느낄 수 있을까.

조금 불편해도 괜찮았다. 있는 것에서 아껴 쓰면 되었고, 아니 온 듯 다녀가는 법을 또 한번 배웠으니까. 이쯤 되니 강천섬의 다른 계절도 겪어 보고 싶어졌다. 봄의 강천섬, 여름의 강천섬, 겨울의 강천섬은 어떤 얼굴로 날 기다리고 있을까? 강천섬의 다른 계절들에게 속으로만 성급한 인사를 건네 본다. 안녕, 브롬톤과 함께 다시 올게.

TRAVEL with BROMPTON

춘천

당신과 나 사이,
브롬톤이라는 공통분모

　라이딩을 하기에도, 캠핑을 하기에도 딱 알맞았던 화창한 가을 날. 우리는 또 가방을 꾸렸다. 당연히 브롬톤은 필수로 챙기고.

　몇 번의 브롬톤 캠핑을 다녀왔지만, 이번 여행이 더 특별하게 느껴졌던 건 무려 50명의 브롬톤 유저들이 함께 떠나는 브롬톤 캠핑이기 때문이었다. 네이버 브롬톤 카페, 일명 브롬동의 회원들이 모여 떠난 이번 브롬톤 캠핑. 라이딩 모임에서도 50명의 인원이라면 엄청난 규모인데, 하물며 캠핑을 함께하는 브롬톤 캠핑에 50명은 상당히 큰 규모였다. 이렇듯 대인원이 함께하는 지라 조별로 나뉘어 움직이기로 했고, 순서에 맞춰 줄지어 들어오는 브롬톤 행렬은 라이딩 때와는 또 다른 장관이었다.

　백양리역에서 모인 우리는 캠핑장까지 약 10킬로미터가량 라이딩을 즐겼다. 기차를 타고 자동차를 타고 지나치면서는 창밖의 경치만 볼 수 있었다면, 브롬톤을 타고 함께 달리는 순간에는 가을바람과 풀 내음을 맡으며 모든 감각을 통해 가을을 느낄 수 있었다. 한 줄로 나란히 나란히 달리는 우리는 그 모습 자체로 가을날의 풍경처럼 아름답고 자연스러웠다.

　조별 라이딩으로 도착한 캠핑장에서 각자의 사이트를 구축하고, 아직은 뜨거운 가을볕을 피해 그늘에 앉아 잠시 숨을 돌리는 시간은 여느 캠핑 때처럼 평화롭고 또 편안했다. 옹기종기 모여 있는 텐트들과 텐트 앞에 명패처럼 세워 둔 브롬톤들. 어딜 가도 브롬톤, 브롬톤, 마치 브롬톤 마을 같았다. 이렇게 각자의 개성이 물씬 풍기는 다양한 브롬톤을 구경하는 재미만도 쏠쏠했다. 50대 중 어느 하나도 같은 것이 없이 개성이 넘쳐흐르는 브롬톤들. 색 조합이 같다 치면 액세서리가 다르고, 바 모양이 달랐다. 같은 것은 한 대도 없이 50대의 브롬톤은 여러 가지 방식으로 각자의 빛을 발하고 있었다.

　마음 통하는 친구들과 편하게 떠나는 브롬톤 캠핑도 좋지만, 가끔은 이렇게 새로운 사람들을 만나 새로운 풍경을 만들어 나가는 것도 즐거운 일이다. 갑갑하고 삭막한 도시에서 무뚝뚝한 얼굴을 한 채 타인의 친절에도 일단 방어부터 하게 되는 것이 익숙해진 우리들. 브롬톤과 캠핑이라는 공통분모로 만나, 갓 지은 밥에 뜨끈한 국물과 지글지글 구워 낸 고기를 나누어 먹으니, 처음 만난 이들도 오래된 친구처럼 친숙하게만 느껴졌다. 밥이 부족해 십시일반으로 한 숟가락씩 자기의 밥을 내어 주니 뚝딱 새로 한 그릇이 만들어졌던 춘천의 그 밤. 어쩌면 내어 준 것은 비단 밥 한 숟

갈만이 아니었을지 모른다. 당신의 추억에 내 추억을 보태도 된다는 암묵적인 합의. 소복한 숟가락에는 그런 뜻도 담겨 있었던 것 같다.

  50명 모두가 각자 다른 추억을 품고 다다른 춘천 어디쯤에서 우리는 같은 날 같은 추억을 공유하게 되었을지도 모를 일이다. 브롬톤과 함께한 그 밤으로 인해 말이다. 워낙 많은 인원이 참여했기에 모든 이들과 친해지지는 못했지만, 언제 어디서 다시 만나게 되더라도 그날의 추억만으로 오랜 친구를 만난 듯 반갑게 이야기 나눌 수 있을 것만 같다. 그 밤은 참으로 따뜻하지 않았느냐고, 당신의 브롬톤은 그때 무얼 하고 있었느냐고 물으며 말이다.

INTERVIEW

평일엔 자출족, 주말엔 캠퍼로 변신

최상원
(38세, 포토그래퍼)
P6R WH / WH 2011

브롬톤과 함께하는 라이프 스타일에 대해 이야기해 주세요.

저는 브롬톤을 너무 좋아해서 일상생활을 늘 브롬톤과 함께합니다. 평일에는 주로 브롬톤을 타고 출퇴근을 하고요. 주말에는 지인들과 함께 야외로 캠핑을 가거나 라이딩을 가는 등 브롬톤과 아웃도어 라이프를 즐기고 있습니다.

평일엔 자출족으로, 주말엔 캠퍼로, 365일 브롬톤과 함께한다고 해도 과언이 아니네요. 많은 시간 브롬톤과 보내면서 느낀 브롬톤만의 매력은 무엇인가요?

브롬톤은 폴딩 자전거로써 작게 접히고 휴대하기 좋다는 매력도 있지만 그보다 더 큰 매력은 디자인이라고 생각합니다. 저는 패션에도 관심이 많은데요. 브롬톤만의 곡선과 디자인은 정말 매력적이에요. 어떤 옷을 입어

도 잘 어울리고 어떠한 경우에도 패션 소품으로 최고입니다.

또한 어떤 장소에 있어도 브롬톤은 독립된 디자인 제품으로 전혀 손색이 없습니다. 거실 한편에 무심히 놓아도 멋진 조각품을 둔 것 같이 거실 공간의 느낌이 전혀 달라지니까요. 게다가 이렇게 매력적인 존재가 교통수단이라니요! 대단하지 않나요?

브롬톤으로 출퇴근하면 어떤 점이 좋은가요?

한강을 가로질러 달리다 만나는 아침 풍경은 일상의 기쁨입니다. 상쾌한 아침 공기를 마시며 라이딩을 하면 하루를 즐거운 마음으로 시작할 수 있기 때문에 브롬톤을 타고 출근하는 걸 포기할 수 없어요. 브롬톤을 타고 출퇴근길을 달리다 보면 코끝에 닿는 바람의 향기와 햇살의 온도를 느낄 수 있습니다. 도시에 살면서 사계절의 변화를 크게 느끼지 못하고 살아가던 저에게는 브롬톤이 자연을 알게 해 준 고마운 친구입니다.

또한 브롬톤은 다른 자전거와 달리 정장을 입고 달려도 전혀 어색하지 않습니다. 제 눈에는 오히려 더 멋있어 보이지요.

이러한 이유들로 출퇴근길 브롬톤을 타게 됩니다.

브롬톤으로 국토 종주도 하셨다고요. 아무래도 브롬톤은 바퀴가 작은 미니벨로이다 보니 다른 자전거로 국토 종주하는 것보다 더 많은 에너지가 들었을 것 같은데, 어땠나요?

브롬톤은 16인치 미니벨로입니다. 일반적인 MTB나 로드바이크보다는 바퀴가 많이 작은 편이지요. 그래서 국토 종주를 할 때처럼 장거리를 달리게 되면 체력 소모가 더 많습니다. 하지만 오히려 그 이유로 앞만 보며 속도전을 하지 않아서 더 좋았습니다. 조금 천천히 달리면서 주변 풍경도 감상하고 자연 속 일부인 저 자신을 돌아보는 의미 있는 시간이 되었지요.

'완주'라는 표현은 적확하지 않은 것 같습니다. 그저 브롬톤과 함께 '감상'하고 '놀다' 왔다고 해야 할까요?

이번에는 캠핑 얘기를 해 볼게요. 브롬톤을 타면서 캠핑을 시작하신 건가요?

브롬톤을 타고 여행을 많이 다니다 보니 자연스레 캠핑도 함께 시작하게 되었습니다. 저 같은 사람에게는 자전거와 캠핑이 여행이라는 큰 주제에 당연히 포함되는 작은 카테고리처럼 자연스럽습니다. 게다가 브롬톤 자체가 캠핑과 아주 잘 어울려요.

캠핑은 집을 짓고 음식을 해 먹고 그야말로 어른들의 소꿉놀이라고 할 정도로 감성을 자극하는 활동입니다. 또한 도시를 떠나 밤하늘의 별을 하염없이 바라보다 보면 스트레스가 해소되면서 마음이 편안해집니다. 조용

한 숲 속 새소리에 잠에서 깨어난 뒤 아침 햇살을 받으며 커피 한 잔을 끓여 마시면 도시에서는 만날 수 없는 여유를 누리게 됩니다. 그게 제가 캠핑을 좋아하는 가장 큰 이유입니다. 최근 우리나라에도 감성 캠핑을 즐기는 분들이 많이 늘었는데요. 브롬톤은 캠핑의 감성을 끌어올려 주는 최고의 아이템입니다.

오토캠핑, 백패킹과 비교했을 때 브롬톤 캠핑만의 매력은 무엇이라고 생각하세요?
브롬톤 캠핑은 브롬톤 라이딩과 캠핑을 함께 즐길 수 있다는 점에서 자동차를 이용하는 오토캠핑, 배낭만 메고 움직이는 백패킹과 사뭇 다릅니다. 브롬톤 캠핑은 캠핑을 좋아하는 브롬톤 유저들에겐 더할 나위 없이 매력적이지요. 휴대하기 편하다는 브롬톤 최고의 장점으로 대중교통을 이용하여 먼 곳으로 갈 수도 있고요. 또한 프론트백 장착이 가능하고 짐받이인 랙에 배낭을 거치할 수 있어 백패킹에 비해 더욱 많은 캠핑 장비를 휴대할 수 있다는 것도 브롬톤 캠핑만의 큰 매력입니다.

브롬톤 캠핑을 시작하는 이들에게 추천하고 싶은 캠핑 장소가 있다면요?
브롬톤 캠핑의 장점은 대중교통 점프를 통해 다양한 장소로 떠날 수 있다는 것입니다. 그렇기 때문에 사실 어떠한 장소도 브롬톤 캠핑에 어울릴 수 있는데요. 그래도 가장 추천하고 싶은 곳은 제주도 안의 또 다른 섬, 우도입니다. 우도는 이국적인 해안 풍경을 따라 라이딩을 즐길 수 있는 곳이면서 떠오르는 일출을 맞으며 캠핑을 할 수 있는 멋진 장소입니다. 이곳에서 브롬톤 캠핑을 해 보신 뒤, 브롬톤 캠핑의 매력에 너무 빠져들게 되더라도 저는 책임 못 집니다.

브롬톤 캠핑 혹은 브롬톤 여행 중 인상 깊었던 추억에 대해 이야기해 주세요.
브롬톤을 타는 동호회 회원들 50명이 함께 춘천의 한 캠핑장으로 브롬톤 캠핑을 다녀온 적이 있습니다. 프론트와 랙에 풀 패킹된 장비들을 실은 50대의 브롬톤이 한자리에 모여 있는 모습은 그야말로 장관이었지요. 50명의 많은 인원이 함께 서로 협력하며 라이딩 하고, 목적지에 도착해서는 조를 이루어 사이트를 구축하고 캠핑을 하며 몰랐던 사람과도 자연스럽게 친해지는 문화! 이것이 바로 브롬톤 캠핑만의 멋진 문화가 아닐까 생각합니다.

주위 분들에게 적극적으로 브롬톤을 추천하는 걸로 알고 있습니다. 지금도 브롬톤 구입을 망설이는 분들에게 추천의 한 마디를 한다면요?
"브롬톤을 타는 것은 단순한 자전거를 타는 게 아닙니다. 브롬톤의 고유한 문화를 체험하는 것입니다." 제가 지인들에게 브롬톤을 추천하면서 하는 말입니다.

자동차의 미니 쿠퍼가 그러하고 오토바이의 베스파가 그러하듯이 브롬톤은 자전거 업계에서 고유한 문화를 만들어 가고 있습니다. 단순히 달리기 위한 용도를 넘어, BWCK와 브롬톤 캠핑 등 브롬톤 문화를 향유하며 지구촌 곳곳의 유저들과 소통하는 것! 바쁘게 살아가는 현대인들에게 이보다 더 좋은 취미가 있을까요?

도시 남자의 심플함

1_ 백팩으로도 멜 수 있어 편리한 또마백. 주로 출퇴근용으로 유용하게 쓰인다.

2_ 댄디함을 더해 주는 모자

3_ 신 나는 라이딩을 위한 블루투스 스피커

4_ 사진 작업에 필요한 맥북 프로

5_ 라이딩 때는 부담스럽지 않은 미러리스를 주로 가지고 다닌다.

6_ 항상 휴대하는 몽블랑 펜

7_ 오클리 프로그스킨

브롬톤과 떠나는 캠핑

브롬톤과 함께 시작한 캠핑 라이프.
집을 통째로 옮겨 놓은 듯한 으리으리한
오토캠핑, 백팩 하나에 최소한의 짐을 담아 떠나는
백패킹 그리고 브롬톤 라이딩과 캠핑을 동시에
즐길 수 있는 브롬톤 캠핑 등 캠핑에도 여러
스타일이 있다. 브롬톤 유저로서 가장 매력을
느끼는 캠핑 스타일은 역시 브롬톤 캠핑이다.
브롬톤 캠핑은 각종 교통수단을 통해 점프 이동이
가능하며, 캠핑지에서의 소소한 이동이 쉽고,
프론트백과 짐받이에 체결한 배낭으로 생각보다
많은 짐을 싣고 여행할 수 있다는 큰 장점을 지닌다.
그렇기에 오토캠핑보다 간편하고, 백패킹보다는
좀 더 많은 짐을 꾸릴 수 있는 데다 이동성까지
갖추게 되니 왜 매력적이지 않겠는가.

브롬톤 캠핑을 위한 배낭 체결 방법

❶ 브롬톤 안장에 봉을 단다.
  이 봉은 배낭을 걸기 위한 용도로,
  40~50센티미터 정도의 길이가 적당하다.
  봉은 케이블 타이로 단단하게 안장에 고정한다.

❷ ❶의 봉에 배낭 팔걸이를 걸고, 배낭 가슴 벨트를 싯포스트에 고정한다. 이때 팔걸이는 봉 밖으로 흘러내리지 않도록 최대한 안쪽으로 고정한다.

❹ 배낭 허리 벨트는 앞으로 묶어 놓는다. 그러지 않으면 라이딩 시 페달링에 간섭을 주어 위험하고 불편하다.

❸ 배낭의 몸통은 짐받이 위에 올리고, 짐받이의 끈을 배낭에 엑스 자로 교차시켜 고정한다. 이때 끈을 팽팽하게 당겨 배낭 끝에 걸친 후 교차시켜야 배낭이 잘 고정된다.

※ 브롬톤 앞쪽에는 여행용 프론트백인 T백을, 짐받이에는 배낭을 체결한 모습

Only Brompton, 브롬톤 프론트백

브롬톤의 메인 프레임 헤드튜브 부분 '캐리어 블록'이라는 부품을 장착하면 전용 백 탈착이 가능하다.
캐리어 블록을 통해 체결된 가방은 브롬톤에 안전하게 고정되어 10킬로그램 정도의 짐을 지탱해 주며, 속도를 내더라도 라이딩에 간섭을 주지 않는다.
보통 자전거는 핸들에 바구니를 설치하는데, 이는 모양도 체결성도 떨어질 뿐만 아니라 핸들 조향성에 큰 영향을 준다. 무거운 짐이나 가방이 속도를 내거나 핸들링을 할 때 방해가 되는 것. 그러다 보니 어깨에 배낭 같은 짐을 메고 자전거를 타는 경우가 있는데, 이는 어깨에 상당한 부담을 준다. 가뜩이나 라이딩을 하면서도 어깨에 상당한 힘이 들어가는데, 거기에 짐까지 얹어진다면 피로도는 더 높아질 수밖에 없다. 그런 면에서 브롬톤의 프론트백은 사용자에게 배낭으로부터의 자유를 선사해 준다.

다양한 전용 프론트백과 안정적인 장착성은 여타 자전거 유저들이 브롬톤을 부러워하는 이유 중 하나로 꼽힌다.
브롬톤의 프론트백은 다른 자전거와는 호환되지 않는 브롬톤만을 위한 제품이다. 가격대가 높은 편이지만, 브롬톤 유저에게 없어서는 안 될 아이템이다.
라이딩의 목적과 짐의 부피에 따라 다양한 크기와 디자인을 갖추고 있는 프론트백은 각각의 것이 브롬톤과 훌륭한 조화를 이룬다.
초창기 클로스 패니어 한 종 뿐이었던 브롬톤 프론트백은 2016년 새롭게 라인업 하였으며, 모던, 클래식, 워터프루프, 프리미엄 백의 네 가지 스타일로 나뉜다.

❶ Modern

2016년 신규로 추가된 라인. 기존에 없던 디자인과 색감을 갖춘 제품들이 대거 출시되었다. 파스텔톤의 토드백과 롤탑 숄더백 그리고 다양한 색상의 새들백은 브롬톤과 잘 어울릴 뿐만 아니라 도심 속 모던한 스타일까지 연출할 수 있게 해 준다.

❷ Classic

브롬톤의 기본 가방으로 널리 알려진 라인. 2016년 기존 제품에 조금씩 향상된 기능과 디자인을 더해 신규 출시하였다.

S백: 가장 많은 브롬톤 유저들이 사용하는 메신저 스타일의 백이다. 15인치급 노트북, 카메라, 간단한 옷가지 등을 넣을 수 있을 정도로 넉넉한 사이즈를 자랑하며, 플랩 교체가 가능하다. 2016년형은 플랩과 어깨 패드에 컬러가 추가되었다.

C백: S백보다 넉넉한 사이즈의 가방으로, 평상시 라이딩용이라기보다 여행용으로 적합할 만큼 대용량 짐 수납이 가능하다. 2016년형은 S백처럼 플랩과 어깨 패드에 컬러가 추가되어 경쾌함을 더해 준다.

❸ Waterproof

방수 기능이 탁월한 오르트립(Ortlieb) 가방.
방수뿐만 아니라 튼튼한 재질을 자랑한다.

미니O백 : 브롬톤 백 중 가장 많은 인기를 자랑하는 가방. 작고 앙증맞은 크기로 DSLR이나 지갑, 핸드폰 등 간단한 물건을 담고 라이딩 하기에 적합하다.

O백 : 미니O백보다 큰 용량으로, 카메라, 노트북 등의 짐을 넣을 수 있다.

T백 : 이름 그대로 'Travel'에 가장 적합한 가방. 브롬톤 가방 중 가장 큰 용량의 가방이다. 짐이 없을 때는 상단을 접어 사용하고, 짐이 많을 때는 상단의 천을 펴 올리면 많은 양의 수납이 가능하다. 2016년형은 외부의 메쉬 포켓이 없어지고 롤탑에 브롬톤 로고가 추가되었다.

폴딩 바스켓 : 바스켓 모양의 간단한 수납 가방이다. 수납공간이 오픈되어 있어 쇼핑 등에 적합한 아이템으로, 2016년형은 외부로 물건이 쏟아지지 않게 밴딩 처리를 하여 더욱 편리함을 더했다.

❹ Premium Bags

브롬톤과 챕맨(Chapman)의 콜라보레이션으로 탄생한 게임백. 15인치 노트북이 들어갈 정도로 넉넉한 크기, 방수가 되는 캔버스 천과 최상급의 가죽을 사용해 핸드메이드로 만든 게임백은 클래식함의 진수를 보여 준다.

BROMPTON
IVORY

6

마이 스타일

그리고

타인의 취향

모든 것이 자전거다.
- **스티븐 크레인** Stephen Crane

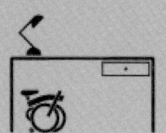

브롬톤과
아이덴티티

좌르르르르르. 경쾌한 울림의 라쳇 소리가 들리면 나의 시선은 바빠진다. 두리번두리번 분주해진 나의 고갯짓과 시선 끝에 브롬톤이 있다. 브롬톤이 보내는 신호처럼 반가운 소리, 좌르르르······.

한 대의 라쳇 소리는 경쾌하고, 여러 대의 라쳇 소리는 제법 화음처럼 어우러지며 음악이 된다. 도심 속 자동차들의 클랙슨 소리와 각종 소음 속에서도 브롬톤은 특유의 상쾌한 라쳇 소리로 자신의 존재감을 드러낸다.

그런가 하면 자연 속을 달릴 때 브롬톤의 라쳇 소리는 또 어떠한가. 숲 속 작은 새의 지저귐처럼, 귀뚜라미의 울음처럼, 자연의 소리인양 자연스럽게 주변의 소리와 어우러지는 브롬톤의 라쳇 소리. 화려하거나 요란하지 않지만, 굳이 드러내지 않아도 결코 숨길 수 없는 특유의 소리가 자연

속에 녹아든다.

  그 소리가 주는 울림을 즐기게 된 지금, 어디선가 브롬톤 특유의 '촤르르르' 라쳇 소리가 들려오면 나는 주변을 둘러보며 이 세계를 달리고 있는 나 자신에 대해 생각해 보고는 한다. 개성 넘치는 브롬톤의 페달을 굴리고 있는 나는 어떤 사람인가.

  화려한 장미보다는 작지만 소담스런 들꽃.
  과한 미사여구보다는 진심이 담긴 따뜻한 말 한 마디.
  깊이 없는 다양함보다는 진득한 심플함.
  혼자 먹는 만찬보다는 여럿이 나누어 먹는 빵 한 쪽의 맛.
  호텔보다는 소박하고 불편하지만 다양한 사람들을 만날 수 있는 게스트하우스나 호스텔.
  행여 흠집이라도 날까 모시고 다녀야 하는 명품백보다는 무얼 넣어도 가득가득 받아 주는 넉넉한 에코백.
  급격하게 치고 올랐다 내려오는 롤러코스터보다는 은은하게 움직이는 회전목마.

  누군가 나의 스타일에 대해 묻는다면, 단순히 얘기해 줄 수 있는 몇 가지들이다.

한때는 무조건 빠른 것, 앞서가는 것이 최고라고 생각했었다. 속도에 대한 강박으로 남들보다 먼저 가는 빠른 삶이 우선이라고 생각하던 시절이 있었다. 그러다 보니 100미터 경주를 하듯 쉬지 않고 앞으로 계속 나아가야만 한다는 스트레스 속에 살게 되었다. 그 시절에 나는 늘 불안에 휩싸여 있었는데, 내 손에 쥔 것보다 갖지 못한 것에 대한 아쉬움과 불평이 넘쳤고, 있을지 없을지도 모르는 내일의 행복을 위해 처참하게 오늘이 희생되는 것을 참아 내야 하기도 했다.

그런데 어제의 내일인 오늘에 와 보니, 어제 그렇게까지 안달하며 소중한 무언가를 포기해야만 했던 정도의 행복은 글쎄……, 없는 것 같다. 그걸 깨달은 뒤 나는 돌이킬 수도 없는 어제의 나날들은 훌훌 떠나보내고, 오지도 않은 내일의 행복보다는 오늘 이 시간의 행복을 위해 지금 이 순간에 몰입하며 살아가려고 하고 있다.

이런 변화의 중심에는 바로 브롬톤이 있다. 내 생애 최대의 거금을 지출하며 구입한 브롬톤은 자기 몸값 이상의, 돈으로 환산할 수 없는 즐거움을 내게 안겨 주었다. 빠르진 않지만 나만의 속도로 주변과 어우러져 서서히 달리는 브롬톤이라 참 좋은 시간.

당신의 브롬톤은
캘리포니아 스타일인가요,
뉴욕 스타일인가요?

약 5백 대의 자전거가 함께 브루클린 시내를 누빈 'Tour de Brooklyn' 도중 뉴욕시티휠즈의 피터가 내게 물어 왔다.

- 한국에서는 어떤 컬러가 인기가 많니?
- 음, 글쎄.

브롬톤을 사기 전 가장 먼저 고민하게 되는 색상에 대한 질문. 선뜻 대답하기 어려웠던 이유는 우리나라에서 브롬톤은 편중된 인기가 있는 색상이 있는 게 아니라 모든 색상이 다양하게 사랑받고 있어서였다. 고개를 갸웃하며 망설이던 나는 대답 대신 브롬톤 모임 때 함께 모여 찍은 라이딩 모임 사진을 피터에게 보여 주었다.

- 와우, 한국은 정말 다양한 컬러가 사랑받고 있구나. 그럼 미국은 어떨 것 같아?

순간 맨해튼에서 보았던 브롬톤 컬러들을 떠올려 보았다. 그런데 겹치는 색이 하나도 없어 고개를 갸우뚱하며 대답했다.

- 음……, 잘 모르겠어. 내가 맨해튼에서 본 브롬톤은 모두 색이 다 달라서 가늠이 안 돼.
- 하하, 미국은 서부에서 선호하는 컬러, 동부에서 선호하는 컬러가 달라.
- 그래? 어떻게?
- 캘리포니아에서는 밝은 컬러, 뉴욕에서는 어두운 컬러가 인기가 많아. 아무래도 뉴욕에서는 정장이나 일상복에도 매치할 수 있는 모던하고 시크한 컬러를 선호하고, 캘리포니아에서는 따뜻한 곳이다 보니 밝고 상큼한 컬러를 선호하는 경향이 있어.

참으로 흥미로운 이야기였다. 서부에선 브롬톤 유저를 보지 못해 판단

하기 어려웠지만, 동부인 뉴욕에선 확실히 로우 라커, 블랙, 블루, 레드, 레이싱 그린 등의 색상을 주로 보았으니까. 이렇듯 미국에서 브롬톤은 단순한 자전거가 아닌, 생활 속에서 함께하는 패션의 일환으로 여겨지고 있었다.

한국에 돌아와 친구들의 브롬톤을 보며, 혼자 속으로 생각하곤 한다.

– 넌 캘리포니아 스타일이구나, 상큼하네. 넌 뉴욕 스타일, 역시 시크하군.

당신의 브롬톤은 통통 튀는 캘리포니아 스타일인가, 시크하고 모던한 뉴욕 스타일인가?

TRAVEL
with
BROMPTON

구례

두 바퀴로 가을을
살포시 지르밟다

　바스락바스락, 어딜 가도 발치에 밟히는 낙엽 소리가 마음속 메아리로 울려 퍼지는 가을날. 떠나고픈 마음을 꾹꾹 누르고 누르며, 이따금 도시의 하늘만 마냥 바라보는 일상. 가을은 그러하다. 자꾸 이곳이 아닌 다른 곳의 하늘 아래 있고 싶은 욕망이 반복되는 나날들. 둥둥 뜬구름같이 마음이 들떠 있는 나를 꾹꾹 눌러 주던 주춧돌의 무게가 어느 순간 풍선처럼 가벼워지고, 산들바람에도 휘잉 흔들릴 듯 마음이 약해지는 날엔 브롬톤을 펼쳐 든다. 늘 낯선 곳을 동경하지만, 오늘은 익숙한 풍경을 향해 두 바퀴를 굴려 보기로 한다. 나의 시골이 있는 남도의 따스한 동네, 구례로.

　외가댁이 있는 구례는 어릴 적 방학 때면 내려와 머무르곤 했던 곳이기에 내겐 익숙한 곳이다. 초등학교 시절까지 오빠와 나는 방학이면 한 달 정도는 시골에 머물며 개울가, 동네 뒷산 등을 헤치고 다니느라 새까맣게 타 부모님이 데리러 오실 때마다 깜짝깜짝 놀라고는 하셨다. 방학이라고

내려온 옆집 할머니네 손자와 삼총사가 되어 사내아이처럼 함께 뛰어놀았던 기억, 버려진 병든 새끼 고양이를 한 달 동안 극진히 보살폈지만 서울로 돌아갈 때쯤 결국 죽어 버려 며칠 동안 엉엉 울다 눈이 퉁퉁 부어 버린 기억, 개울가에서 다슬기를 잡다 엉덩방아를 찧어 오줌싸개처럼 젖은 채로 집으로 돌아왔던 기억 등 유년 시절의 추억이 가득한 나의 시골, 구례. 중학생이 되고부터 방학엔 늘 학원에 보충수업에 시골에 내려갈 틈은 좀처럼 나지 않았고, 고등학생, 대학생이 되면서 시골은 더욱더 멀어져만 갔다. 뒤처지기 싫어, 새치기 당하기 싫어, 밀리지 않으려 두 어깨에 힘을 잔뜩 주고 그렇게 도시에서 버티는 삶에 조금씩 지치기 시작할 때, 나는 구례로 갔다. 이번에는 자동차의 네 바퀴도, 두 다리도 아닌, 브롬톤의 두 바퀴로 달려갔다.

 곡성역까지는 기차 점프로 이동하여 섬진강 자전거 길로 진입했다. 가을을 가득 품은 강변을 지나니, 여기저기 탐스럽게 익은 단감이 주렁주렁 열려 있는 감나무들의 향연이 펼쳐졌다. 곶감 말리는 아낙들의 바쁜 손놀림, 길가에 단감과 홍시를 내놓고 파는 할머니들의 정겨운 모습……. 남도의 감나무는 제주의 귤나무처럼 탱글탱글한 열매를 자랑하며 그곳의 가을 풍경을 만들어 내고 있었다. 이렇게 많은 감나무를, 그것도 잔뜩 열매가 열린 감나무를 본 것이 언제였던가. 주렁주렁 나무에 힘차게 열린

감 열매는 생명의 기운으로 가득 차 있었다. 얌전히 슈퍼마켓 진열대에 손질되어 올려진 '상품'만 보다가 이렇게 '생명체'로서 '열매'로서의 감나무를 보니 경이로운 마음까지 들었다. 감 열매의 기운에 이끌린 나는 잠시 감나무 옆에 브롬톤을 세워 놓고 가만히 감을 매만져 보았다. 부드럽고 꽉 찬 건강한 기운이 내게로 오롯이 전해지는 듯했다. 나무에 기댄 브롬톤도, 열매의 기운을 받은 나도, 감나무 곁에서 잠시 쉬어 가는 시간.

 양옆으로 늘어선 감나무 풍경 속을 달려, 잘 닦인 아스팔트 길을 지나, 노랗고 붉게 물들어 가고 있는 단풍나무 길로 들어섰다. 아스팔트 길을 달릴 때와는 달리 조심조심 페달을 굴리다 보니, 느려진 속도만큼 여유로워진 시선. 사부작사부작 페달링에 바스락바스락 낙엽 밟히는 소리가 천천히 내 귓가에 울려 퍼졌다. 낙엽 밟는 소리가 좋아 가을날 두 발로 자박자박 낙엽 길을 걷는 것이 익숙했던 내게, 낙엽 위를 두 바퀴로 지나는 기분은 사뭇 색다르게 다가왔다. 앞바퀴로 바스락 뒷바퀴로 또 한번 바스락, 브롬톤의 두 바퀴로 살포시 지르밟는 가을. 분명 어린 시절 몇 번이고 오갔던 동네이건만, 두 발로, 네 바퀴로는 가 보지 못했던 새로운 풍경을 보게 된 구례 여행. 브롬톤과 함께였기에 추억이 깃든 익숙한 동네를 다시 본다.

브롬톤의
폴딩 3단계

브롬톤은 3단계로 접는 과정을 1단계 뒷바퀴를 메인 프레임 아래로 접는 것으로 시작한다. 이때 메인 프레임과 리어 프레임을 연결해 주는 서스펜션이 주요한 역할을 한다.
서스펜션 아래에 있는 트리거를 누르며 브롬톤을 살짝 들어 올리면 뒷바퀴가 메인 프레임 쪽으로 접혀 들어가는 방식이기 때문이다.
이 첫 단계를 마친 상태가 브롬톤을 세워 둘 때 잡게 되는 모양이다.

이제 2단계, 반으로 접을 차례다.
메인 프레임 앞쪽을 고정시키는 힌지 클램프를 풀어 핸들바를 잡아당기면 앞바퀴가 중앙으로 자리한다. 이때 앞바퀴에 달린 작은 플라스틱 후크가 리어 프레임에 걸리며 단단하게 고정된다.

INFORMATION on BROMPTON

이후 싯포스트를 풀어 최하단으로 내리면 2단계 폴딩 완료. 마지막으로 핸들바를 고정하는 힌지 클램프를 풀어 아래쪽으로 내리며 홈에 끼워 주면 된다. 툭 튀어나온 페달을 안쪽으로 접고 나면 폴딩 끝. 이 모든 단계는 10~20초 안에 이루어진다.

BROMPTON
RED

7

휘청거리는

나와 균형 사이의

1센티미터 거리

인생은 자전거를 타는 것과 같다.
균형을 잡으려면 움직여야 한다.
- 알베르트 아인슈타인 Albert Einstein

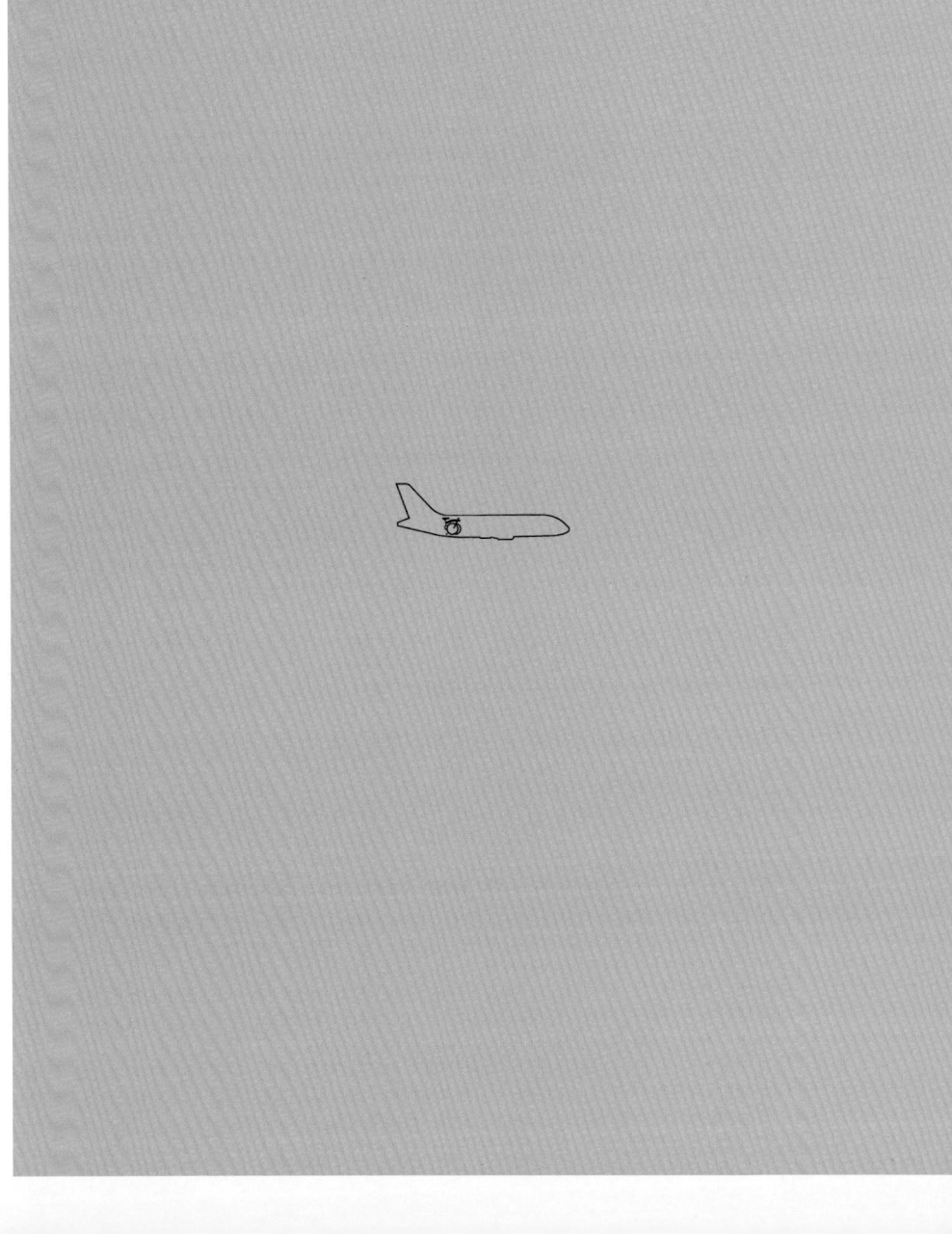

첫 만남,
아슬아슬하게

처음 자전거를 배울 때의 기억이 떠오른다. 초등학생 시절 오빠에게 자전거를 배우다 된통 넘어지고 나서부터 내게 자전거는 친해지고는 싶지만 쉽사리 친해질 수 없는 존재였다.

그러던 내게 생긴 접이식 자전거. 신문 구독과 함께 따라온 중국산 접이식 자전거는, 내 인생의 첫 자전거이자 폴딩 미니벨로와의 첫 인연이었다. 내가 타지 않으면 주인 없이 방치될 신세가 될까 하여 겨우 올라탔던 자전거. 버려질 위기에 처했던 자전거를 가까스로 구제하기는 했으나, 자전거를 타며 나는 불안했다. 균형을 잡지 못해 휘청거리기 일쑤였고, 나중에는 넘어질까 걱정이 돼 자전거에 올라타는 것조차 두려워졌다. 그것은 자전거를 둘러싼 한때의 에피소드를 넘어선 스무 살의 내 초상이었다.

대학교에 진학하는 대신 재수생의 삶을 선택한 나는 자전거 안장 위에서 그랬던 것처럼 휘청거렸고 위태로웠다.

  어느 하나 확실하지 않았던 불안의 시간들 속에서 내가 왜 또 불안의 바퀴를 택했는지 정확히 기억나지 않지만, 나는 어쨌든 독서실과 집을 오갈 때 타겠다며 다시 자전거를 배웠다. 어찌 보면 재수생이 유일하게 즐길 수 있는 레포츠이자, 마음 한곳 내놓을 유일한 벗이었을지도 모르겠다. 자전거를 탈 때마다 이렇게 중얼거리고는 했다. "잡고 있지? 놓으면 안 돼!" 성인의 세계에 편입되지 못한 어정쩡한 여자아이는 꿈과 현실 사이에서 무엇을 잡아야 할지 무엇을 놓아야 할지 갈팡질팡 우물쭈물하며 어정쩡하게 앞으로 나아가고 있었다. 상상하듯이 매 순간 흔들리며 말이다. 지금이야 웃으며 말한다. 자전거의 묘미는 휘청거리지만 내 힘으로 균형을 잡을 수 있는 것이라고. 그러나 그때는 몰랐다. 심지어 자전거를 타면 앞으로 나아간다는 것조차 깨달을 수 없을 만큼 눈앞의 불안은 내 전체를 잠식하고 있었으니 말이다. 하지만 그때 나는 누가 뭐래도 앞으로 나아가고 있었다. 그제보다 어제 더, 어제보다 오늘 더. 나와 자전거는 그렇게 균형을 이루며 같이 달렸다. 물론 앞을 향해.

그리고
브롬톤과의 조우

그 후 몇 대의 자전거가 내 곁을 스쳐 지나갔다. 지하철 역사 자전거 거치대에 세워 두었다가 도난당한 자전거들이 수두룩했다. 자전거들과 제대로 된 작별 인사 한번 할 틈도 없이 강제 이별을 당하고는 했다. 그럴 때마다 좀 더 단단한 자물쇠를 찾아 동여매는 등 나의 자전거 보호 방식도 진화하기는 했으나, 안장을 빼 가거나 자전거 바퀴를 빼 가는 등 자전거 도둑들의 대처 방식도 점점 진화하기는 마찬가지였다. 어떤 식으로든 내 자전거는 멀쩡할 틈이 없었다. 자전거에 정을 줄 새도 없이 망가졌고, 사라졌으며, 그런 일이 반복될수록 자전거는 내게서 점점 멀어져만 갔다.

하지만 냉정하게 생각해 보면 모두가 '적당한' 관심만 주었던 자전거였다. 내가 애정을 가지고 구입했다기보다는 주변에서 '얻은' 자전거가 대다수였고, 그랬기에 잃어버려도 아쉬움이 덜했다. 그것은 우연히 내게 온 자전거들의 탓이 아니었다, 결코.

그러다 브롬톤을 만났다. 브롬톤을 알기 전 내게 있어 자전거란 '있으면 좋고, 없어도 크게 아쉽지 않은' 존재였다. 그러니 단 한 번도 자전거를 돈 주고 구입한 적이 없었던 것은 당연하다. 그런 내가 브롬톤을 알게 되고 결재를 하기까지 그리 오랜 시간이 걸리지 않았다는 것은 참 묘한 일이다. 브롬톤은 고가의 자전거이다. 평소 큰 소비를 하지 않았던 내게 브롬톤의 몸값은 실제 가격보다도 훨씬 더 크게 느껴졌던 것이 사실이다. 그런데 어느 순간 나는 스스로가 우습게 느껴질 만큼 브롬톤 구매를 합리화하고 있었다. 무언가에 홀린 듯 브롬톤이 갖고 싶었다, 어떻게든 손에 넣고 싶었다.

그 당시 나는 모든 것에 지쳐 있었던 것 같다. 일도, 사람도, 꿈도, 현실도 날 지치게 했다. 모든 것이 지겨워질 때쯤 이따금 떠난 여행길에서 잠시 충전을 해 보아도, 끊임없이 무언가를 사들이며 방 안을 택배 박스로 그득그득 채워 보아도, 설렘은 잠시뿐이었다. 손에 쥐고 나면 금세 날아가 버리던 자잘한 소비의 연속. 큰 소비를 하지 않아도 모이는 것이 없는 공허한 습관의 나날들이었다. 그러다가 어느 날 우연히 들여다보게 된 통

장 잔고. 많지도 적지도 않은 그 숫자들이 짧아졌다 길어졌다를 반복하며 만들어 내던 나열 형태는 마치 내가 그때까지 지나 온 삶의 지도인 듯 들쭉날쭉했다. 그 모습이 너무도 낯설게만 느껴져 정신이 번뜩 들었다. 이대로는 안 되겠다.

  내가 브롬톤을 만난 건 그런 시기였다. 우리는 보자마자 어마어마한 절친이 되어 버렸다. 브롬톤은 생각이 많던 내게 행동하는 법을, 가끔 저지르는 법을 알려 주었고, 집순이인 나를 집 밖의 세상으로 끌고 나가 주었다. 브롬톤의 안장 위에는 바람을 가르며 도시를 달리고, 햇빛 아래 푸르른 하늘 아래 싱그럽게 웃음 짓는 내가 있었다. 더 많이 움직이고, 더 건강해지고, 더 밝아진 내가 있었다. 다음 주엔 또 그 다음 주엔 어느 하늘 아래서 브롬톤과 신 나게 달리고 있을지 궁금해 하며 – 내가 나를 궁금해 한다는 것은 미치도록 흥분되는 일이다 – 오늘에 만족하는 내가 있었다. 언제 다시 휘청거릴지 모르지만, 두려움을 밀어낸 채 지금의 균형 잡기에 충실하려 애쓰는 내가 있었다. 안장 위에서도 현실 속에서도 잘 달려 보기로 다짐하는 나의 새로운 영혼이 생겨났다. 브롬톤을 만나고서 말이다.

TRAVEL with BROMPTON
제주

브롬톤과의 첫 비행

모든 처음은 언제나 설레고 떨린다.

브롬톤을 만나고 처음인 것들이 참 많았지만, 제주 여행은 첫 비행기 점프인 만큼 그 설렘이 여느 때보다도 크게 차올랐다. 처음인 것은 브롬톤 점프만이 아니었다. 여행 짐을 캐리어가 아닌 브롬톤의 T백 하나로만 꾸려 보는 것도 처음이었다. 브롬톤의 프론트백 가운데 여행자에게 가장 적합하며 확장성이 뛰어난 T백. 정말 필요한 짐만 넣었다고 생각했는데도 나의 T백은 어느새 배불뚝이처럼 뚱뚱해졌다. 그래, 어쩔 수 없다. 2박 3일 여행에도 20인치 캐리어를 잔뜩 채우고 다녔던 지난날의 나를 생각하면 이 정도도 참 애쓴 거야.

브롬톤을 타기 시작한 뒤로 시내버스, 지하철, 자동차, KTX, 고속버스, 심지어 트럭까지 다양한 교통수단으로 점프를 해 보았지만, 비행기 점프는 그날의 제주 여행이 처음이었다. 수하물 발송을 위해 브롬톤을 패킹하는데, 기분이 묘했다. 브롬톤 패킹이라 해 봐야 버스를 탈 때 전용 백에

넣는 정도가 다였는데, 박스에 넣어 패킹하려니 내가 보지 못한 내 브롬톤의 과거사를 마주하는 듯해 이렇게 묻고 싶어졌다. "네가 처음 출고될 때 이런 박스에 이런 모양으로 담겨 있었니." 내게 있어 브롬톤은 곁에 있는 친구이고 애인인 것이 맞았다. 우리가 관계를 말할 때 지금 보이지 않는 것, 볼 수 없는 것, 이미 지나 버린 것이 오늘에 영향을 끼친다고 믿는 것은 지금의 그 관계가 내 생애를 흔들 만큼 아주 중요하다고 생각한다는 뜻이다. 낯선 길을 지나다가 편의점에서 생수나 껌을 사고 마주치는 판매 직원의 과거사가 궁금할 리는 없다. 중고 브롬톤을 구입한 나는 새 브롬톤의 박스를 뜯는 즐거움은 누리지 못했기에 제주에 도착하면 브롬톤이 담긴 박스를 고이 뜯어 첫 설렘을 맛보리라 하는 엉뚱한 상상도 해 보았다.

　브롬톤이 박스 안에서 흔들리지 않도록, 옷가지 등으로 고정하여 단단히 박스 패킹 후 비행기 수하물로 부치고 나니 그제야 조금 안심이 됐다. 부디 무사히 나와 함께 제주로 날아가길. 비행기 안에서 귤빛 주스를 한 잔 머금고 나니, 긴장이 풀려 나도 모르게 스르륵 잠이 들었다. 제주에 도착하면 부지런히 달려야 하니, 조금 자 두는 것도 좋겠다.

　가까운 거리다 보니 정말 잠시 눈을 붙인 것 같은데, 그새 제주 도착을 알리는 안내 방송이 흘러나왔다. 드디어 제주인가 하는 설렘도 잠시, 깜빡하고 바퀴의 바람을 빼지 않고 수하물로 부쳐 버린 걸 깨달았다. 당초

제주에 도착하면 박스를 고이 뜯어 다소 연극적인 설렘을 맛보겠다는 마음은 이미 물러나고 없었다. 브롬톤 바퀴의 무사에 대한 걱정만이 앞서 초조하지만 조심스러운 손길로 박스를 열어 보았다. 다행히도 브롬톤 바퀴는 짱짱했고, 페달링도 가뿐했다. 자, 이제 제주를 달려 보자.

 가까운 제주로 떠나왔지만, 마음만은 세계 일주라도 하는 양 여행자의 마음으로 충만했다. 자동차로 편하게 다니던 예전과는 다르게 다가오던 제주의 풍경들. 분명히 지난번 그곳인데도 브롬톤으로 지나는 장소 곳곳은 새삼스럽기만 했다. 여기가 원래 이렇게 오르막이 심했던가. 온전히 나의 힘으로만 에너지를 만들어 내며 질문해 본다. 네 개의 바퀴들이 내 옆으로 쌩 스쳐 지나간다. 뭐가 그리 급한지 네 바퀴에 올라타고도 서로 먼저 가겠다고 빵빵대며 경적을 울리는 자동차들. 빨간 신호에 멈춰 있는 자동차 곁을 나 또한 보란 듯이 스쳐 지나간다. 봐, 잠시 앞설 뿐이지 우린 비슷하게 가고 있어.

 제주에는 볼거리가 많고, 맛집도 많다. 그러니 유명 관광지나 맛집만 찾아서 다닌다고 해도 모자람이 없는 여행이 가능한 곳이다. 하지만 도시의 복작거림 속에 시달리다 겨우 떠나온 제주에서까지 온갖 체크 리스트와 꽉 짜인 계획표로 스스로를 옥죄고 싶지는 않았다. 굳이 유명한 어느 곳을 찾지 않아도 제주의 푸른 바다와 맑은 공기와 함께라면 컵라면도, 자판기 커피도 꿀맛일 테니. 게다가 우리는 브롬톤과 함께였다. 그러니 달라야 했고, 다를 수밖에 없었다.

우리는 '여행생활자'가 되어 발길 닿는 대로 그저 달리고 또 달렸다. 힘이 들면 잠시 쉬었고, 다시 힘이 나면 또 열심히 페달을 밟아 나가며 제주 바다를 벗 삼아 느영나영 브롬톤 라이딩을 즐겼다. 왼편엔 푸르른 제주 바다가 있고, 오른편엔 아직 덜 익은 푸릇푸릇한 감귤 나무가 있으며, 내 곁에는 언제나 길잡이가 되어 주는 그가 달리고 있다. 아름다운 삼박자가 갖추어진 이 풍경이, 이 순간이 꿈만 같아 빙긋 웃어 본다. 남편은 결혼 전 혼자서 브롬톤으로 제주 일주를 했다고 했다. 그때의 아름다웠던 제주를 내게도 보여 주고 싶다며 그가 계획한 제주 라이딩. '당신과 함께'라는 말이 어떤 상황, 어떤 세상에 떨어져도 결코 두려울 것 없다는 형용사가 되려고 한다. 당신과 당신의 브롬톤과 함께하는 제주 라이딩을 통해서 말이다. 우리는 아무 계획도 없이 무작정 떠나왔지만, 막막하지 않았다. 뭐가 걱정인가, 우리에겐 브롬톤이 있고, 힘껏 달릴 수 있는 튼튼한 체력 그리고 기댈 수 있는 서로가 있는데.

- 오늘 이 동네에서 묵을까?
- 그래, 여기 좋다.

무계획이 주는 자유로움 그리고 브롬톤이 있기에 어디든 갈 수 있다는 자유로움. 우리는 우리가 선택한 것과 일부러 선택하지 않은 것이 빚어내는 균형의 자유 속에서 무엇이든지 해낼 수 있을 것만 같았다. 페달에 올린 발 끝에 생전 처음 느껴 보는 힘이 실린다. 바퀴가 굴러가고 앞서거니 뒤서거니 하며 달리는 당신과 나. 나의 자유가 당신의 자유에 맞닿을 때마다, 나는 놀라서 앞으로 혹은 뒤로 속도를 내거나 줄이고는 한다. 같이 간다는 것은 똑같은 속도로 달리는 것이 아니라, 당신의 자유에 내가 빈자리를 내어 주고, 내 자유에 당신이 공간을 만들어 준다는 것이리라. 나는 그렇게 당신과 균형을 이루며 가려 한다. 가끔 흔들리더라도.

늦여름의 제주,
느릿느릿 라이딩

　　제주 라이딩을 하기에는 봄이나 가을이 좋다는데, 어쩐지 난 봄보다도 가을의 제주에 좀 더 마음이 간다. 육지보다 따뜻한 계절을 품게 되는 제주에서는 육지보다 한 걸음 **빠른** 봄과 두 세 걸음 느린 가을의 정취를 느낄 수 있다. 조금 빨리 계절을 맞는 기분보다도 천천히 다음 계절을 맞이하는 그 기분이 좋아, 느린 가을의 제주에 더 끌리는 것이리라. 아마도 이는 느긋한 나의 성정 탓일지도 모르겠다.

　육지를 떠나올 땐 분명 가을이었건만, 아직 제주는 푸릇푸릇한 여름의 여운을 머금고 있었다. 아직 제주를 떠나기 아쉬운 여름은 푸르름이라는 보드라운 털 아래로 더위의 끝자락이 묻어 있는 발톱을 살짝 감추고 있는 고양이의 발처럼 제주 여기저기에 앙큼하게 머물고 있었다.

　한여름의 쨍한 기운이 꼬리를 내린 선선한 여름, 이제 곧 가을을 맞이하려는 늦여름의 제주는 브롬톤 라이딩을 하기에도 최적의 조건을 갖추고 있었다. 이따금씩 불어오는 선선한 바람, 덥지도 서늘하지도 않은 공기,

여름에서 가을로 가는 변화의 햇살, 내가 사랑하는 제주의 계절.

  모든 것이 **빠르게 빠르게** 바뀌는 도시에서는 조금만 한눈을 팔아도 놓쳐버리는 것이 생기고는 한다. 그런데 제주에서는 한눈파는 곳의 끝에 새로운 풍경이 있었고, 그 가운데서 새로운 이야기가 피어나고는 했다. 도시에서 한눈파는 일이 금지된 일이라면, 제주에서 한눈파는 일은 허용되는 것 이상의 의미를 갖는 일상 추천 종목이다. 한눈팔수록 재미가 생겼고, 작은 일에 안달 내던 습관은 온 데 간 데 없어졌으며, 명확한 대상도 없이 막연하게 화를 내는 일도 없어졌다.

  출근길 만원 버스와 지하철에서, 직장에서, 학교에서, 늘 종종걸음을 치지만 뒤돌아볼 새도 없이 다시 서두르고는 했었던 도시의 나날들이 제주의 옅은 감빛으로 물든 하늘 너머로 뜨거운 태양과 함께 넘어가고 있었다. 이곳은 제주이고, 우리는 브롬톤과 함께 여기에 왔다.

  우리는 제주의 바람결을 따라 일주 도로와 해안 도로를 번갈아 가며, 날마다 달리고 싶은 만큼만 달렸다. 그러자 가이드북에도 나와 있지 않고 인터넷 검색을 통해서도 알 수 없는 숨은 길이나 소박한 밥집들을 만날 수 있었다. 잘 닦인 길과 숨은 길, 그 갈래길에서 이번만은 고민하지 않았다. 숨은 길들 위에서는 앞선 이의 발자국을 따라가는 안도의 기쁨은 없었지만 작은 모험이 주는 흥분이 있었고, 그때마다 두근두근 뛰는 우리의 심장 소리가 또 어떤 여행자를 이곳으로 이끌게 되겠지 상상하고는 했다. 그러다 아직 알려지지 않은 곳을 발견하고 잠시 쉬어 갈 때, 나는 제주의 속살과 만나는 듯한 더없이 큰 여행의 기쁨을 만끽했다. 자동차의 속도보다 도시의 속도보다 느린 만큼 순간순간이 제주만의 시간으로 채워졌던 브롬톤과의 이번 여행. 이 여행 속에서 만난 작은 길들과 낯선 사람들과 모험의 바람이 내가 가 본 최고의 제주였다 이름 붙이는 것은 어쩌면 너무나도 당연한 일이겠다.

잠시 멈춤,
pause

    그날은 함덕을 지나 월정리에서 머무른 뒤 종달리와 성산을 거쳐 삼달리로 넘어가는 일정이었다. 삼달리로 떠나는 아침, 갑작스레 쏟아진 비에 챙겨 온 우비를 주섬주섬 꺼내 입었다. T백에도 레인커버를 씌워 보지만, 아뿔싸, 짐이 많아 다 감싸지지 않는다. 젖으면 안 되는 물건들은 가방 깊숙이 넣어 두고 대충 입구 부분만 레인커버로 감싸 본다.

  우중 라이딩은 겪을 만큼 겪어 이미 해탈의 경지에 올랐다 생각했는데도 눈앞의 빗줄기들은 무뎌진 마음까지 뒤흔들 정도로 거세게 내리쳤다. 모든 여행에 있어 가장 최악의 순간을 생각하고 준비해야 한다는 마음을 갖고 충분히 대비해 왔지만, 그 최악이라는 것이 정말로 이렇게 눈앞에 닥칠 줄이야. 우중 라이딩은 내가 상상하기도 싫던 최악의 시나리오였다. 한숨이 절로 나왔다. 하지만 점점 더 굵어지는 빗줄기, 이제 더 이상 지체할 수 없었다. 나는 이제 막 자전거를 배우는 사람처럼 아주 천천히 조심스레 페달을 밟아 나갔다. 빗줄기가 더 굵어지기 전에 숙소에 도착해야만 하기에 마음은 급해졌지만, 혹 빗길에 타이어가 미끄러질까 신경 쓰여 속도를 내기도 힘들었다. 짐을 가득 싣고 천천히 달려가려니 답답했다. 이 속도로 삼달리까지 언제 가지. 하지만 그렇다고 급한 마음에 속도를 냈다가 자칫 미끄러지기라도 한다면 큰일이었다. 아직 반도 넘게 남은 일정에 차질이 생기면 안 되기에.

다행히 삼달리로 가는 길에는 일주 도로가 잘 형성되어 있었다. 가끔 비가 잦아들 때는 조금씩 속도를 내며 나아갔고, 빗줄기가 굵어질 때는 잠시 비를 피해 쉬기도 했으며, 위험하다 싶으면 브롬톤을 타지 않고 끌고 걸어가는 등 상황에 따라 번갈아 가며 그야말로 느릿느릿 우중 라이딩을 펼쳤다. 그렇게 거북이걸음으로 겨우 도착한 삼달리의 숙소. 너무 반가워 눈물이 주르륵 흘렀다. 고작 이런 것에 눈물이 날 정도로 내 몸과 마음은 지쳐 있었다. 어쩌면 이미 비로 엉망이 돼 버린 얼굴이라 눈물 한 줄기 흘러도 티가 안 날 테지 싶어 은근슬쩍 흘려보낸 감정인지도 모르겠다.

우비를 입기는 했지만 공항 편의점에서 비상용으로 준비한 2천 원짜리 비닐 우비는 거센 빗줄기에 수명을 다한 지 오래였다. 결국 온몸으로 비를 다 맞아 낸 우리는 비에 쫄딱 젖은 꼴로 삼달리 숙소에 들어섰다. 느린 이동이었지만, 워낙 서둘러 출발한 덕에 당초 정해진 체크인 시간보다 빨리 도착한 우리. 한창 체크인 준비에 분주하던 주인 내외는 우릴 보고 깜

짝 놀라며 실내로 안내해 주었다. 하긴, 놀랄 법도 했다. 알록달록 원색의 비닐 우비를 입고도 잔뜩 젖은 꼴 하며, 이 궂은 날씨에 작은 바퀴 달린 자그마한 자전거에 잔뜩 짐을 싣고서 세상만사 피곤은 다 짊어진 지친 얼굴들을 하고 들어섰으니.

  주인 내외의 배려로 브롬톤을 창고에 안전하게 넣은 다음 철컹 문을 단단하게 잠그고서야, 비로소 긴장이 풀리고 안도의 한숨이 새어 나왔다. 따끈한 커피 한 잔에 차가워진 몸이 녹을 때쯤 주인 내외의 한 마디 걱정에 마음까지 사르르 녹아내린다. 어찌 저리 작은 바퀴의 자전거를 타고 이 빗길을 달려왔느냐며, 내일의 여행까지 걱정하는 주인 내외의 얼굴에서 진심이 묻어났다.

  – 가는 날이 장날이라고 날 진짜 제대로 잡았네. 자전거 여행인데 비가 이렇게 많이 와서 어째요?
  – 그러게요. 여기도 어떻게 오나 싶었는데, 그래도 잘 도착해서 다행이에요. 비 온 김에 하루 쉬어 가는 거죠, 뭐.

초긍정 커플인 우리의 너스레에 주인 내외가 빙긋 웃어 보였다.

- 다들 여기까지 왔는데 이렇게 비가 오면 엄청 실망하던데, 둘은 참 긍정적이네.

따끈한 물로 샤워를 마치고 나오니 안주인이 점심 준비에 한창이었다. 보글보글 물 끓는 소리, 통통통 야채 써는 소리가 부엌 안에 경쾌하게 울려 퍼졌다. 음식 냄새를 맡으니 잊고 있던 배고픔이 고개를 빼쭉 내민다. 꼬르륵. 생각해 보니 아침에 출발할 때 먹은 누룽지 이후로 아무 것도 먹지 못했다. 아직 창밖엔 비가 내리고 있고, 우리의 교통수단은 브롬톤 뿐. 음, 어쩐다. 어색하게 부엌 앞을 서성이던 내게 안주인이 말을 걸었다.

- 우리 수제비 할 건데, 같이 먹을래요?

'원래 두 분이 드시려던 건데, 저희까지 껴도 괜찮을까요?', '아니에요, 괜찮아요.', '초면에 식사까지 어떻게 그래요.' 등등 머릿속에 온갖 겉치레 말이 맴돌았지만 내 입에서 나온 말은 이거였다.

- 그래도 돼요?
- 괜찮아요. 어차피 이 근처엔 식당도 없고요. 맛은 보장 못하지만 먹을 만할

거예요.

― 일찍 체크인하게 해 주신 것도 감사한데……. 그럼, 조금만 신세 지겠습니다. 사실 너무 배고파요.

빈속에 뜨끈한 수제비 국물이 찰방찰방 들어찼다. 스르륵 두 눈이 감길 것처럼 온몸에 퍼져 오던 따스한 기운. 수제비에 반찬이라곤 김치뿐인 소박한 한 끼였지만, 그 순간만은 어떤 음식보다도 맛있었다. 육지를 떠나온 지 사흘째, 따뜻하고 고운 맘씨의 주인 내외와 더불어 앉아 집 밥 한 끼를 나누니 도착한 지 몇 시간이 채 되지 않아 친구 집에 놀러온 것 같은 편안함을 느낄 수 있었다. 저녁이 되어 숙소에 함께 묵게 된 다른 이들과 각자 싸 온 음식을 펼쳐 놓고 도란도란 이야기를 나누다 보니 긴긴 제주의 밤, 낯설기만 하던 어둠도 이내 하얗게 물들어 갔다.

우도로 떠나기로 한 다음 날, 잦아든 줄 알았던 빗줄기가 다시 굵어지더니 폭우가 쏟아졌다. 예고에 없던 비 소식에 조금은 당황했지만, 여행자인 우리는 이것조차 기쁘게 휴식으로 받아들이기로 했다. 그래, 하루 더 여기서 머물자. 잠시 브롬톤을 내려놓고 두 발로, 두 발로 걷기 시작한 우리.

낑낑 오르는데 바빠, 미처 둘러보지 못했던 오르막길의 감귤 나무와 잔뜩 물기를 머금은 소소한 풍경들이 익숙한 듯 생경한 듯 새로운 느낌으로 다가왔다. 브롬톤을 탈 때보다 더 느리게 느리게 보낸 하루. 비록 우도로 가는 날은 하루 미루어졌지만, 뜻밖의 하루는 뜻밖의 달콤한 휴식이 되어 우리를 촉촉하게 적셔 주었다.

우도에서 노닐다

다음 날, 하늘은 언제 그랬냐는 듯 맑게 개어 있었다. 예상치 않게 하루 더 휴식을 취해서인지 우리의 컨디션은 최고 상태였다. 우리는 숙소 사장님께서 알려 주신 지름길을 타고 성산항으로 달렸다. 길은 아직 많이 알려지지 않은 듯 그야말로 뻥 뚫려 있었다. 전날의 비 덕분일까. 촉촉함을 머금고 더욱 맑아진 하늘은 그야말로 탁 트여, 그 아래서 달리는 것만으로도 제주의 자유로움을 온몸으로 만끽할 수 있었다.

무사히 성산에 도착하여 우도로 들어가기 위해 배에 올라탔다. 물론, 브롬톤도 함께. 제주에 들어올 때 비행기 점프가 처음이었던 것처럼, 배 점프도 이번이 처음이었다. 굳이 폴딩할 필요 없이 쓰러지지 않게 브롬톤을 갑판에 잘 기대어 두고, 우도를 향해 이동하는 길. 브롬톤이라 가능한, 온갖 교통수단을 이용한 점프는 해도 해도 신기하고 재미있는 경험이다.

점심 즈음 도착한 우도는 관광객들과 대여용 바이크, 자동차 등이 뒤섞여 조심스럽게 라이딩을 해야만 했다. 예전에 왔을 땐 마지막 배를 타고 나가야 했기에, 투어 버스를 타고 잠시 둘러보는 정도에 그칠 수밖에 없었던 우도. 당시의 우도를 떠올리면 정신없이 버스에 오르내리며 정확히 어딘지도 모른 채 바다를 배경으로 사진 찍기 놀이를 하거나 땅콩 아이스크림을 사 먹던 기억이 조각조각 흩어져 있을 뿐이다. 브롬톤을 타고 온 지금, 한 바퀴 우도를 빙 둘러보고 나니 마치 처음 오는 곳인 양 새로웠다.

우도는 마지막 배가 빠져나간 뒤부터 첫 배가 들어오기 전까지의 시간이 제대로 섬을 즐길 수 있는 때라고 한다. 배가 들어오고 나면 관광객들로 붐벼 우도의 제대로 된 매력을 느낄 수 없는 탓이겠지. 그렇기에 우도에서는 최소 1박은 해야, 여유로운 우도의 시간을 즐길 수 있다. 관광객들이 빠져나간 후의 우도는 더 이상 시끌시끌한 관광지가 아닌, 고요하고 소박한 섬 우도의 모습으로 다시 돌아온다.

온갖 교통수단들이 뒤엉켜 위험천만 라이딩을 해야만 했던 도로도 한적해지고, 우도에 남은 우리는 이곳 주민인 양 여유로운 라이딩을 즐길 수 있었다. 오후에 복작거리던 길을 해질 녘에 다시 지나면 언제 그랬냐는 듯 고요하고 한적한 길이 우리에게 자리를 내 주었다. 그러니 다음 날 아침의 우도가 또 어떤 얼굴로 우리를 반길지 기대되었던 것은 어쩌면 당연했는지 모른다.

도시보다 몹시 서둘러 찾아온 우도의 밤, 더 깜깜하게 적막하게 찾아온 칠흑 같은 우도의 밤 속에서 우리는 내일 아침의 생경한 우도를 맞이하기 위하여 일찍 잠자리에 들었다. 도시에서의 어제를 생각해 보면 너무 이른 시간이었는데도 우리는 둘 다 스르륵 눈을 감고 잠 속으로 빨려 들어갔다. 그렇게 우도의 시간 위에 당신과 내가 나란히 던져져 있었다, 그 밤.

두 겹의 섬 속,
제주 엔딩

흔히 우도를 '섬 속의 섬'이라고 부른다. 그런 섬 속의 섬인 우도 안에 또 다른 섬인 비양도가 있다. 비양도는 제주에서 가장 먼저 일출을 볼 수 있는 곳으로, 우도의 동쪽 끝에 위치해 있다. 우리는 비양도의 일출을 보기 위해 우도에 도착한 다음 날, 졸린 눈을 비비고 새벽 라이딩에 나섰다. 모두가 잠들어 있는 새벽 시간, 따뜻한 이불 속을 박차고 나오기란 쉽지 않았다. 솔직하게 말하자면 알람이 울리고 약 5초간의 정적이 있었다. 숙소인 게스트하우스에 있는 모든 이들은 아직 꿈나라, 나도 자연스레 이들 가운데 잠들어 있어도 괜찮지 않을까 하는 짧은 고민의 시간이 있었던 것이 사실이다.

하지만 비양도의 일출을 보겠다는 일념 하나로 브롬톤을 펼쳐 들고 차가운 공기를 가르며 깜깜한 새벽녘을 달렸다. 비양도에 들어선 우린 브롬톤을 폴딩하여 각자의 곁에 세워 두었다. 비양도 언덕에 일출을 보려는 인파가 모여들기 시작했고, 부지런히 서두른 덕에 우리는 좋은 자리에서

일출을 감상할 수 있었다. 흐린 날씨라 일출을 제대로 볼 수 있을까 걱정했지만 그 나름대로 멋스러웠던 구름 낀 일출. 자다 깬 맨 얼굴의 나와 맨 얼굴의 태양이 마주한 순간, 몽실몽실 구름 속을 헤치고 점점 또렷해지는 태양은 나의 선잠까지도 확실하게 깨워 주었다. 챙겨 간 스토브와 코펠로 끓인 모닝커피와 함께 감상하는 비양도의 일출은 새해 첫 일출의 그것마냥 감격스러웠다. 이렇게 구름 낀 날에도 힘차게 해는 떠오르는구나. 구름을 헤치고 나와 주어 고마워.

비양도의 일출을 보며 마시는 모닝커피는 그 어떤 고급 커피도 부럽지 않았다. 마침 그날은 월요일, 다음 주 이맘때쯤이면 덜컹이는 만원 지하철에 몸을 싣고 무미건조한 표정의 사람들 속에 섞여 있겠지. 그때 돌아보며 행복해할 수 있도록 마음껏 봐 두자, 그리고 지금을 마음껏 누리자. 여러 의미로 인상 깊었던 비양도의 일출에 반한 우리는 남은 하루를 비양도에서 보내기로 했다.

우도에서의 이틀째, 이제 우도 주민처럼 익숙해진 우도의 이곳저곳을 누비며 자유로움을 만끽했다. 첫 배가 들어오기 전 한갓진 우도를 브롬톤으로 달리는 여유로운 시간. 고작 이틀밖에 안 됐는데 벌써 우도의 곳곳이 눈에 익어 버렸다. 어제도 몇 번이나 지났던 곳인데, 아무리 같은 곳을 뱅뱅 돌아도 우도 하늘 아래 있다는 것이 참 좋았다.

한산한 거리와는 달리 손님 맞을 채비를 하느라 바삐 서두르는 상인들, 이른 아침의 우도는 이렇게 다양한 풍경이 공존한다. 부지런히 길을 오르다, 어제 먹은 땅콩 아이스크림 집에 다시 들러 인사를 한다.

- 안녕하세요!
- 아직 오픈 전입니다, 손님. 어, 이 자전거. 어제도 오시지 않았어요?
- 네, 이따 또 올게요!

지금 이 순간만은 우도의 주민인 양 익숙해진 거리와 사람들에게 인사를 건넨다. 이곳도 잠시 후면 관광객들로 또 다시 분주해지겠지.

우도의 숙소에서 짐을 꾸려 비양도로 향했다. 우리가 이동한 숙소는 비양도에 딱 하나뿐인 숙소였다. 허름한 외관에 으스스한 분위기가 물씬 풍겼던, 그래서 더 외롭고 쓸쓸하게 느껴졌던 곳이다. 누가 있긴 한 걸까? 사람의 움직임이 보이지 않아 운영을 하는 것 같기도 하고, 아닌 것 같기도 했다. 용기 내어 문을 두드려 보았다.

- 저어…….

방 안에는 연세가 지긋해 보이는 아주머니 한 분이 텔레비전 앞에서 꾸벅꾸벅 졸고 계셨다. 우리가 온 걸 눈치채지 못하시는 듯, 졸음 삼매경에 빠진 아주머니.

- 저, 방 있나요?
- 어, 어. 깜짝이야. 방? 있지, 있어.

남녀 도미토리로 나뉘어 운영되는 이곳. 여자 6인실 방에는 세 개의 2층 침대가 휑뎅그렁하니 방 안에 놓여 있었고, 혼자 이 방을 독차지한다는 기쁨보다는 어쩐지 누구라도 한 명은 꼭 손님이 더 왔으면 하고 간절히 바라게 될 만큼 혼자 쓰긴 으스스한 방이었다. 실은, 비양도에 들어오기 전 들은 얘기가 자꾸 마음에 걸렸다. 비양도로 죽은 시체들이 많이 떠내려 와, 귀신이 많이 출몰한다는 뭐 믿거나 말거나 한 이야기였다. 보기와는 달리 겁이 많은 난, 그 얘기를 듣고부터 계속 신경이 쓰였다. 괜시리 이상한 기분에 휩싸여 얼른 짐을 내려놓고 브롬톤을 타고 밖으로 나섰다. 돌아오면 누군가 여자 손님이 한 명은 꼭 들어와 있길 간절히 바라며.

브롬톤을 타고 잠시 마실을 다녀오니 아주머니가 나와 계셨다. 처음 으스스한 느낌과는 달리, 밝은 미소로 우릴 맞아 주신 아주머니는 우리에게

다방 커피 한 잔씩을 내주셨다.

—어디서들 왔어?

—서울이요. 아주머니는 제주 분이세요?

—나도 육지서 왔어. 안양에 살았었어, 난.

—와, 안양에서 제주. 그것도 비양도까지 오셨네요.

—응, 그렇게 됐네. 그러고 보니 육지 나가 본 지 너무 오래됐어······.

육지에 살다 비양도로 오셨다는 아주머니는 육지 이야기를 하자 반가움과 아련함으로 눈가가 잠시 촉촉해졌다. 이야기를 하는 것만으로도 이렇게 울컥, 눈물이 나는 걸까, 그녀에게 육지란.

—자전거는 서울서 갖고 온 거야? 배 타고 왔어?

—네, 서울서 갖고 왔어요. 이게 이렇게 접혀서, 비행기에 싣고 왔어요.

—신기하네. 쬐그맣고 귀여워서 나도 하나 있음 좋겠다.

3단으로 접혔다가 펼쳐지는 브롬톤이 신기하면서도 대견스러운 듯 그녀는 브롬톤에게서 눈을 떼지 못했다. 브롬톤을 타고 동네 아이들처럼 여기저기 나갔다 들어올 때마다 마치 가족처럼 "다녀와라." "조심히 타거라." "다녀왔느냐." 인사해 주시며 우릴 기특하게 바라보셨던 아주머니를 우리도 자연스레 '이모님'이라고 부르게 되었다.

비양도에서의 밤은 우도와는 또 다른 느낌이었다. 우도보다 더 한적한 비양도의 밤, 그렇게 한적하게만 느껴졌던 우도의 밤이 비양도에서 바라보니 제법 화려해 보였다. 드문드문 밝힌 불빛이지만 이렇게나 밝게 느껴지는 건, 그만큼 비양도가 적막하다는 것일 테지.

결국 그날 밤 여자 6인실 방의 손님은 나뿐이었지만, 무섭고 쓸쓸하다는 생각은 들 새도 없이 피곤함에 꼬꾸락 잠이 들어 버렸다. 이모님이 차려 주신 소박한 컵라면 조식으로 든든하게 아침밥을 해결하고, 이제 제주로 다시 돌아갈 시간. 잠시 하룻밤 묵고 가는 여행객일 뿐인데, 마음 한 자리 내어 주며 따뜻한 말을 계속 건네던 비양도의 이모님은 우릴 살뜰히 챙기며 작별 인사를 해 주셨다. 항구까지 차로 태워 주겠다는 걸 겨우 손사래를 치며 사양하고 돌아가는 길. 브롬톤의 두 바퀴를 굴려 가며 비양도에게 우도에게 안녕, 인사를 건넸다. 떠나는 길도 브롬톤으로 하는 게 맞았다.

우도와 비양도에서 보낸 사흘. 나는 정말 지난 여행과는 달리 우도의 숨겨진 모습까지 속속 찾아내며 이곳 주민처럼 여행생활자로 지냈다. 그 모든 것이 가능했던 것은 브롬톤 덕분이다. 식당에 들어가서도 숙소에서

도 늘 곁에 두어 안심이 되었던 브롬톤은 일단 움직이기 시작하면, 가 보지 못한 길 위로 예상치 못했던 상황으로 우리를 이끌었다. 몇 바퀴를 돌아도 모험 소설의 배경처럼 때마다 새로운 얼굴을 보여 주던 우도가 아주 조금 익숙해질 때쯤, 우리는 다시 그곳을 떠나왔다.

BROMPTON
CHERRY BLOSSOM

8

세상에서

가장 우아한

미니벨로

나는 자전거를 타고 가는
어른을 보면서 인류의 미래가
어둡지만은 않다고 생각한다.
- 허버트 조지 웰스 Herbert George Wells

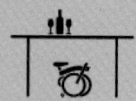

나의 오래된 친구,
브롬톤

    얼마 전 브롬톤 정비를 위해 자전거 매장에 들렀다가 우연히 브롬톤이 입고되는 순간과 마주쳤다. 상자에 포옥 감싸진 브롬톤들은 차곡차곡 창고에 쌓여 자신의 순서를 기다리고 있었다. 그중 몇 대의 브롬톤은 진열을 위해 상자에서 꺼낸다고 했다.
    중고 브롬톤을 산 나는, 늘 그 순간이 부러웠다. 작은 상자에 담겨 내게 배달되어 온 브롬톤을 정성스레 맞이하며 상자를 뜯는 첫 순간의 설렘이.

- 저어······.
- 네?
- 혹시, 그 박스, 제가 뜯어 봐도 될까요?

브롬톤이 담긴 박스를 꼭 내 손으로 뜯어 보고 싶었다. 그렇게라도 한 번쯤은 새 브롬톤에게 첫 인사를 건네는 의식을 치러 보고 싶었다.

자전거 매장 직원이 어리둥절하다는 표정을 짓는다. 직원은 이상하지만 어렵지 않은 그 부탁을 거절하지 못하고 나에게 자리를 내준다. 그의 호의에 나는 조심스레 브롬톤 상자를 열어 보았다. 박스 안의 브롬톤은 정말이지 작고 아름답게 접혀 상자에 담긴 채 반짝반짝 빛나고 있었다. 런던에서부터 여기까지 몸을 접고 날아온 브롬톤이 기특하고, 또 반가웠다.

브롬톤이 작게 접히는 덕에 우리는 얼마나 많은 순간을 함께할 수 있었던가. 이렇게 작게 접혀 어디든 갈 수 있기에 우리는 얼마나 많은 추억을 함께 만들며 교감할 수 있었던가. 이제 더 이상 새 브롬톤만큼 반짝이지는 않지만, 여전히 아름답게 접히고 지난 추억들에 한 겹 한 겹 뜨거운 우정을 더해 가는 내 브롬톤이 더욱 애틋하게 느껴졌다.

완전 폴딩하면 작게 접히는 몸집 덕에 자가용, 버스나 기차, KTX는 물론이며 비행기까지 탑승이 가능한 브롬톤은 내가 원하는 곳이라면 어디든지 함께할 수 있는 무한한 가능성을 자랑한다. 때로는 내가 오기를 얌전히 기다리며 접혀 있다가 내가 펼쳐 주면 그제야 반갑게 꼬리를 흔드는 강아지 같기도 하고, 여행길에선 지친 나를 이끌어 주는 동행자 같기도 한 브롬톤. 그래서인지 브롬톤을 만난 이후로는 자연스러운 풍경처럼 늘 함께 여행을 즐기고 있다. 시작은 '여행갈 때 브롬톤을 가져가 볼까'였지만, 이젠 '브롬톤을 탈 수 있는 곳으로, 브롬톤을 타기 위해' 떠나게 된 셈. 언젠가부터 내 여행길에 자연스레 동행하며 트래블 메이트가 되어 주고 있다고나 할까? 여행길에서도 일상을 잊지 않게, 일상에서도 여행의 순간을 잊지 않게, 두 세계를 이어 주는 브롬톤이라는 사랑스러운 연결 고리 덕분에 오늘도 일상을 여행처럼, 여행을 일상처럼 즐기고 있다.

알고 있다, 이제 세상에는 브롬톤 말고도 수많은 폴딩 미니벨로들이 기교를 부리며 아름다운 자태를 뽐내고 다닌다는 것을. 어쩌면 브롬톤은 더 이상 세상에서 가장 작게 접히는 미니벨로가 아닐지도 모른다는 것을. 하지만 이것만은 확실하게 말할 수 있다. 브롬톤은 세상에서 가장 우아한 형태로 몸을 접고 펴며, 자기 몸 위에 올라타는 작은 동지와 어떤 순간이라도 함께 나눌 준비가 되어 있는 자전거라는 것을. 친구가 되는 법을 아는 금속의 탈것이라니, 이만큼 매력 넘치는 존재가 또 있을까.

내 오래된 벗, 브롬톤을 오늘 다시 생각해 본다.

INTERVIEW

브롬톤, 런던에서 타다

범블비 BumbleBee
(45세, 런던 브롬톤 클럽 운영자)
M6R YE / YE 2009

MR. BumbleBee, 자기소개 부탁해요.

자기소개라, 사실 별로 특별할 게 없네요. 나이는 마흔 다섯이고, 런던에 살고 있으며, 페이스북에 '런던 브롬톤 클럽^{London Brompton Club}'을 만들어 운영하고 있어요. 이 클럽은 사람들이 브롬톤을 어떻게 다루는지 도와주는 곳이며, 영국 전역의 브롬톤 라이더들을 서로 연결해 주고 조직화하는 역할을 합니다.

당신 브롬톤은 정말 멋있어요. 그런데 왜 브롬톤을 '범블비'로 코스튬 한 거죠?

내가 어렸을 때 학교 친구들이 나를 Bee라고 불렀어요. 그 당시 나와 성이 같은 친구들이 많았기 때문에 구분하기 위해 Bee라고 부르던 게 내 별명이 되어 버린 거죠. 브롬톤을 구입한 첫 해에는 순정 상태 그대로 탔었는

데, 일 년이 지나고 내 브롬톤이 첫 생일을 맞았을 때 생일 기념으로 뭔가 해 주고 싶다는 생각을 했어요. 그러다 검정 테이프를 발견했고, 그렇게 '범블비'의 전설이 시작되었죠!

평소 브롬톤을 어떤 용도로 사용하나요?

주로 회사 출퇴근용으로 사용하고 있어요. 나는 항상 브롬톤과 함께 다니기 때문에 차도 갖고 있지 않아요. 브롬톤을 타면 대중교통을 이용할 수 있기 때문에 차를 몰 일이 없으니까요. 런던 브롬톤 클럽을 만들고 난 뒤로는 영국 전역을 브롬톤을 타고 돌아다녔고, 나중에는 전 세계의 다른 나라도 그렇게 다녀 보고 싶어요.

당신이 생각하는 브롬톤의 매력은 무엇인가요?

저는 운동할 겸 회사에 타고 다닐 수 있을 만한 자전거를 찾고 있었어요. 갑자기 날씨가 안 좋아져도 바로 대중교통으로 갈아타고 집에 갈 수 있는 편리한 자전거를 원했죠. 처음엔 다른 자전거를 알아봤는데, 여러 자전거들을 둘러보고 타 봤을 때 뭔가 부족하다는 생각이 계속 들었어요. 그러던 중 앙증맞은 브롬톤이 런던의 공장에서 만들어지고 있다는 걸 알게 되었어요. 이후 브롬톤을 시승해 보고는 홀딱 반해 버렸죠! 브롬톤의 전체적인 생김새는 딱 브리티시 스타일이라고 할 수 있겠고, 브롬톤은 정말 내가 원하던 모든 아이디어를 모아 놓은 자전거예요. 손쉬운 폴딩과 이동성이야 두말할 필요 없는 브롬톤의 매력이고요.

브롬톤과 함께했던 추억 중 가장 인상 깊었던 순간에 대해 이야기해 주세요.

런던 유명 관광지 주변의 몇몇 도로를 통제하고 자전거 라이딩 행사를 개최한 적이 있어요. 참가자들이 걱정 없이 라이딩을 할 수 있도록 참가자들 무리 주변으로 경호 자동차도 몇 대 배치했죠. 관악대, 아이스크림 부스, 각종 음식 부스, 자전거 부스 등도 있어서 행사장 여기저기서 제대로 된 행사 분위기를 느낄 수 있었어요. 날씨도 정말 좋았고, 많은 사람들이 함께하기에 더할 나위 없이 좋은 날이었지요. 며칠 뒤 누군가가 내 뒷모습을 찍어 트위터에 올렸는데, 그날 행사 보도를 하고 있는 기자 뒤로 걸어가는 뒷모습이었어요. 자전거를 타고 지나가는 내 뒷모습만으로도 날 알아보다니! 정말 놀랍고 기뻤어요.

앞으로 브롬톤과 함께 하고 싶은 일이 있다면요?

내 브롬톤인 BumbleBee와 함께 다른 나라를 여행하며 BWC[Brompton World Championship] 같은 행사를 만들어 보고 싶어요. 어떤 장소가 될지, 어떤 스타

일의 여행이 될지 아직 모르겠지만, 브롬톤과 함께라면 어디든지 갈 수 있으니까 걱정 없어요.

이 책을 읽고 있는 한국 브롬톤 유저들에게 한 마디 부탁해요.
한국에 꽤 많은 팬이 있다는 걸 알고 있어요. 저에게 보내는 이메일과 댓글에 항상 감사하게 생각해요. 정말 고맙습니다!
Keep on pedalling & bee safe out there!

Made in London

런던에서 만들고, 세계인이 타는 자전거 브롬톤.
모든 브롬톤은 공장이 있는 그린포드(Greenford)*에서
핸드메이드 방식으로 만들어지고,
브롬톤 하나하나마다 각 제조 단계의 작업자를
알 수 있다. 어느 공정 하나도 브롬톤 공장 안에서
이루어지지 않는 것이 없다.

공정마다 담당 작업자를 일일이 거쳐야
작은 부품 하나라도 빠지지 않고 조립되는
핸드메이드 방식이기에, 조금 느리고 더딜지도
모른다. 하지만 그렇게 모든 브롬톤이
브롬톤만의 공정을 거치기에 품질에 대해서
보증할 수 있는 자신감이 생기는 것이다.
브롬톤이 걸어온 길에, 그 역사에 자신감이
오롯이 담겨 있다.

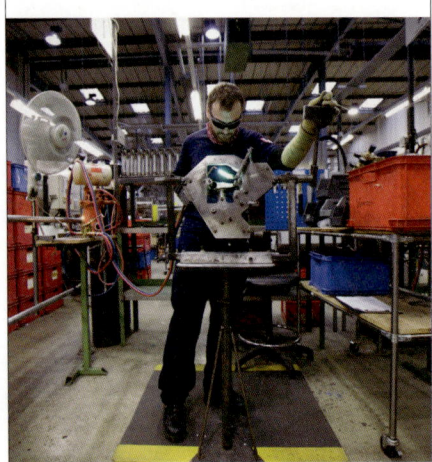

★ 브롬톤 공장은 2016년 2월, 웨스트 런던에서
그린포드로 이전하였다.

INFORMATION on BROMPTON

변하지 않는 브롬톤만의 프레임은,
시계를 40년 전으로 돌려 1975년 앤드류 리치가
자신의 방에서 최초의 자전거를 만든 시점으로
거슬러 올라갔을 때와 다름이 없다.
브롬톤만의 시그니처인 이 프레임에 지난 40여 년
보이지 않는 변화가 있었다면, 끊임없는 혁신과

개선의 결과로서 조금씩 조금씩 더 단단해지고
있다는 것일 뿐이다. 그때도 지금도 브롬톤은
변하지 않는 견고함과 안정성으로 유저들과
교감하며 어디서든 즐거운 라이딩을
즐길 수 있도록 해 주고 있다. 도시에서,
자연에서 그리고 당신이 원하는 그 어디에서든
브롬톤은 당신과 함께 달릴 준비가 되어 있다.

BROMPTON
LIME GREEN

9

오직

나의

힘으로만

자전거는 참 신기한 교통수단이다.
승객 자신이 엔진이라니…….
- **존 하워드** John Howard

내가 움직이는 만큼만 움직이는 정직함

자동차보다 느리지만 걷는 것보다는 빠르고, 내가 원하는 곳이라면 원하는 속도로 얼마든지 갈 수 있는 자전거. 이 자전거는 내가 움직이는 만큼, 딱 그만큼만 움직이는 정직함의 미덕 - 내리막길은 예외인데, 이건 오르막길을 견뎌 낸 보너스라고 해 두자 - 을 지니는데, 이때 사용하는 연료는 오로지 나의 체력뿐이다.

내 몸의 아주 섬세한 운동 에너지를 따라 움직이는 이 아름다운 탈것은 내 시선을 자연으로 이끄는 마력을 발휘하는데, 두 발이 페달을 굴리는 동안 바라보게 되는 사계는 더욱 특별하고 고귀하게만 느껴진다. 분명히 브롬톤을 타면서 자연과 더 친해지게 되었다. 되도록 자가용보다는 대중교통을 이용하려고 노력하게 되었고, 브롬톤으로 이동 가능한 거리는 내

체력을 이용하여 움직이는 것이 익숙해졌다. 이제는 제법 먼 거리도 라이딩으로 다니고 있다. 이렇듯 브롬톤과 함께할수록 나의 엔진은 더 튼튼해지고, 지구의 건강에도 조금이나마 기여하는 바른 이가 된다.

브롬톤을 타기 전 툭 하면 걷던 습관이 이제는 두 바퀴와 벗 삼아 라이딩 하는 습관으로 바뀌었다. 같은 체력으로 나는 조금 더 멀리 떠날 수 있게 되었고, 조금은 쉽게 다른 세계의 바람을 만끽할 수 있게 되었다. 그 기쁨이 좋아, 나는 오늘도 까마득한 오르막길을 따라 끙끙거리며 페달을 굴린다.

TRAVEL
with
BROMPTON

섬진강

서로 조금은 익숙해진
여섯 남녀의 라이딩, 라이딩

타닥타닥, 따르릉 따르릉……, 타닥타닥, 따르릉 따르릉……, 컴퓨터 자판 두드리는 소리와 전화벨 소리만이 울려 퍼지는 사무실. 누구도 소란스레 떠들지 않고 각자의 모니터만 바라보며 각자의 섬 속에 갇혀 유영하는 시간, 나는 답답한 마음에 멀리 블라인드 사이로 보이는 창밖 풍경을 바라본다. 보기만 해도 열기가 후끈 느껴지는 한 여름의 도심. 강렬한 햇빛 아래 잔뜩 인상을 쓴 이들의 종종걸음도 사무실에서 바라보고 있자면 다른 세계의 일처럼 느껴진다. 사무실 안은 지금이 무슨 계절인지 알 수 없을 정도로 에어컨의 차가운 공기로 가득 차 있다. 반팔 차림의 이들이 있는가 하면, 나처럼 카디건을 어깨에 두른 이들도 있고, 심지어 무릎 담요를 덮고 있는 이들도 있다. 사무실 에어컨 바람의 세기와 방향은 내 의지와 상관없이 불어 온다. 에취, 어디선가 재채기 소리도 들린다. 지금 대체, 무슨 계절이지?

눈부신 태양 아래 초록이 넘쳐흐르고, 볕 아래 몇 걸음만 거닐어도 송글

송글 땀방울이 맺히지만 그만큼 물 한 모금은 다디달고, 내 얼굴 가릴 조그마한 그늘만 있어도 절로 행복한 미소가 번지는 그런 계절, 여름이다. 여름이란 계절은 본디 그런 것이다. 눈부신 녹색 드레스를 입고 캉캉 춤을 추는 한여름의 뙤약볕 아래 곧게 뻗은 자전거 길 위, 여섯 대의 브롬톤이 달리고 있는 풍경을 떠올려 본다. 작은 오두막 하나에 벌렁 드러누워 다 같이 물 한 모금씩 나누어 마셨던 행복한 기억. 그때부터였을까, 여름이 사계절 중 가장 아름다운 계절이라고 느끼기 시작한 때가.

그 당시에는 잘 몰랐지만, 지금에 와서 돌이켜 생각해 보니 또렷하게 '행복했다'라는 네 글자가 떠오르는 추억이다. 그 섬진강 자전거 길 위의 나는, 무척이나 푸르렀다.

아는 것보다 몰랐던 것이 더 많아 헤맸고, 그렇게 뱅뱅 돌아가는 길 위에서 배웠던 많은 것들.

첫 심야버스, 첫 새벽 라이딩, 첫 국토 종주 길, 첫 장거리 라이딩, 첫 트럭 점프……. 그때 그 섬진강 여행을 정의 내릴 때 빠질 수 없는 '첫'이라는 글자. 이렇게 온통 처음인 걸로 가득했던 섬진강은 그만큼 서툴렀지만, 설렘 또한 그만큼 가득했다.

밝음보다는 어둠이 더 짙게 깔려 있는 새벽, 서울이었다면 아직 한창 꿈속을 헤매고 있을 시간에 익숙한 듯 낯선 고장인 여수를 목적지 삼아 심야버스에 몸을 실었다. 오늘의 동행은 지난번 부산에 함께 다녀온 다섯 친구들. 부산에서 실컷 달리지 못한 아쉬움이 컸던 것일까. 섬진강에서는 하루 50킬로미터가 넘는 라이딩 계획을 세우면서도 우린 그저 신이 나 있었다. 할 수 있을까 하는 의구심보다도 해 보자는 열정이 훨씬 컸다. 이젠 서로에게도, 각자의 브롬톤에게도 어느 정도 익숙해진 여섯 남녀의 섬진강 자전거 길 라이딩 이야기.

졸다 깨다를 반복하며 비몽사몽 도착, 밤과 아침의 경계에 서서 힘껏 기지개를 켜 보았다. 상쾌하다 못해 찡하기까지 한 새벽 공기는 선잠을 달아나게 하는 건 물론, 서울에 미처 두고 오지 못한 고민거리로 지끈거렸던 머릿속까지 뻥 뚫어 버릴 정도로 강력했다. 우리는 아직 첫차도 다니지 않는 텅 빈 도로를 향해 페달링을 시작했다. 초여름의 새벽 공기가 제법 쌀쌀하게 우리의 뺨을 할퀴었지만, 인적 없이 우리만을 위한 레드 카펫처럼 미끈하게 펼쳐져 있던 도로가 가슴을 뜨겁게 데워 주었다. 한참 달리다 보니 점처럼 보이던 해가 어스름 밝아 오며 아침 햇살을 비추기 시작했다. 브롬톤과 함께 달리며 맞이한 아침 해가 유난히 둥그렇고 예뻐 보였던 건, 아마도 둥실둥실 부풀어 오르던 내 기분 탓이겠지.

섬진강 자전거 길의 종점, 배알도 수변공원 인증센터가 우리에게는 출발지였다. 우리는 마치 강을 거꾸로 거슬러 가는 연어들마냥 섬진강 자전

거 길을 거꾸로 달릴 계획으로 이곳에 왔다. 드디어 왔구나, 섬진강 자전거 길. 주로 퇴근 후나 주말에 달리게 되는 한강 자전거 길, 그 길은 참으로 편하다. 매번 달리면서도 매번 좋다고 느끼는 사랑스러운 공간이지만, 가끔은 쭉 뻗은 길을 벗어난 험한 여정 길을 택하고 싶을 때가 있었다. 누군가는 날마다 맛난 고기반찬만 먹는 이의 반찬 투정이라 생각할 수도 있겠으나, 한강의 미끈한 자전거 길 위에서 이따금 나는 낯선 길을 꿈꾸었다. 늘 그 자리에 있는 고마움과 익숙함을 뒤로 한 채 달려온 섬진강 자전거 길. 눈부신 햇살 아래 온통 푸르던 자전거 길은 달려도 달려도 끝이 없었다. 세상 끝까지라도 이어져 있을 것만 같이 쭉 뻗은 길은 지루해질 만하면 새로운 풍경으로 우릴 맞이했고, 우리는 서로의 속도에 맞추어 앞서거니 뒤서거니 하며 달리고 또 달렸다.

  잠시 쉬어 가는 정자나 그늘 아래에 당도하면 누가 먼저랄 것도 없이 벌렁 드러누워, 뜨거워진 헬멧을 벗어젖혔다. 소박한 그늘 한 점 안으로 살랑 들어오는 바람이 어찌나 반갑고 시원했는지……. 그 뿐인가. 사이좋게 나누어 마신 이온 음료의 달짝지근한 맛을 떠올리면 지금도 입가가 달달해진다. 비록 뜨거운 열기에 달구어져 시원하지는 않았지만, 그때만큼 무언가를 달게 마신 적이 있었을까. 마음 같아서는 있는 양껏 다 마셔도 해소되지 않을 갈증이었는데도 한 입 마시고 나머지 한 입은 양보하는 마음. 그 마음에 '함께'라는 부사가 더해져 우리는 무더위와 라이딩의 피곤함을 이겨 낼 수 있었다.

이상하게 몸은 지쳐 가는데 페달을 멈출 수가 없었다. 가면 갈수록 새로운 길에 푸르름의 향연이 펼쳐지니 더 힘차게 밟을 수밖에. 앞으로 펼쳐질 낯선 길들이 궁금해서, 내 곁으로 펼쳐질 새로운 풍경이 궁금해서 말이다.

섬진강을 따라 쭉 이어진 자전거 길은 그 형태도 다양했다. 쭉 뻗은 길도 있었고, 때로는 도로 옆으로 난 자전거 길도 있었으며, 작은 오솔길도 있었다. 푸릇푸릇 만물이 소생하는 계절, 생명의 기운이 넘치는 공간에서 나도 하나가 되어 나의 에너지로 달리고 있었다. 내가 움직이는 만큼만 굴러가는 정직한 자전거를 타고 푸름을 방해하지 않은 채 아니 온 듯 왔다 갈 수 있어 다행이라 생각했다. 그저 바람 한 점, 그늘 한 쪽 빌리는 자전거 여행자인 것이 참말로 다행이라고 생각했다.

지칠 때쯤 들른 화개장터에서 점심을 먹기로 했다. 새벽부터 라이딩을 하느라 잔뜩 허기진 우리들에게 전라도식 다슬기 국과 비빔밥은 그야말로 꿀맛 그 자체였다. 한낮의 태양과 사투를 벌인 라이더들의 빈속에 삼삼한 재첩 국이 들어차니, 그 뜨끈함과 든든함에 금방이라도 눈이 감길 것만 같았다. 비빔밥은 또 어떤가. 온갖 나물들은 물론이요, 노오란 노른

자가 톡 터져 고소한 참기름과 조화를 이룬 비빔밥 한 입을 뜨니 라이딩의 피곤도 사르르 녹는 기분이었다. 이렇게 식사를 하러 들어간 식당에서도 우리들의 브롬톤은 시선 집중이었다.

- 자전거는 밖에 세워 놔야지. 옴마, 이게 접힌단 말여?
- 이 쪼꼬만 걸 타고 왔어?
- 이런 거 얼마나 해? 우리 손주 하나 사 주고 싶구만.
- 서울서 여까지 이거 타고 온 겨?
- 웜마, 요로코롬 접히는 게 신기하네. 어떻게 피는가 함 구경 좀 해 보드라고.

푸짐한 한 상을 먹고 나니 다시금 힘이 솟아난 우리는 갈 길이 멀기에 서둘러 페달링을 시작했다. 우리의 종착지는 숙소인 곡성역 부근이었다. 출발지에서부터 계산해 보니 거리가 100킬로미터 이상 떨어져 있었다. 우리가 승용차도 아니고 브롬톤으로 100킬로미터를 넘게 달리는 것이었다. 물론 불가능한 일도 아니고 그 이상을 달리는 라이더도 많을 것이다. 하지만 그게 내가 될 줄이야. 그저 동네 마실용으로나 탈 줄 알았던 브롬톤으로 하루 100킬로미터 이상을 달리다니. 남자 셋 여자 셋 가운데 기특하게도 한 명의 낙오자 없이 우리는 곡성역에 도착했다. 사실 나를 비롯한 여성 멤버들은 거의 마지막 즈음엔 길에 금방이라도 쓰러질 듯 체력이 고갈된 상태였다. 심하게 지쳐 있었다. 곡성역 인근 식당에서 저녁을 먹은 우리는 모두 지쳐 방바닥에 드러누워 버렸다. 그 모습은 마치 프라이팬에 구운 인절미 같았는데, 정말로 바닥에 딱 들러붙어 옴짝달싹 할 수 없을 지경이었다. 얼마나 힘들었는지, 몇몇은 까무룩 잠이 들 정도였다. 곡성역에서 숙소까지는 몇 킬로미터를 더 달려야 했으나, 이미 체력이 바닥난 우리는 더 이상 달릴 수가 없었다. 다행히도 숙소에서 트럭으로 우리를 데리러 와 주었고, 우리는 브롬톤과 함께 트럭 짐칸에 올라타 '트럭 점프'를 했다. 각자의 브롬톤과 함께 트럭 짐칸에 실린 우리들 모습은 흡사 난민들의 피난 행렬 같아 보이기까지 했다. 잔뜩 피곤에 절어 있던 표정도 한몫했으리라. "우리, 새우잡이 배로 끌려가는 건 아니겠지?" 따위 농담을 해 가며 트럭에서 맞은 섬진강의 밤. 트럭 짐칸에서 올려다본 하늘에는 별이 총총 박혀 있었고, 트럭의 속도에 따라 춤을 추던 밤바람은 소리도 없이 우리의 피로를 보듬어 주었다.

오늘은 어제와 동일하게 주어진 시간이었지만, 우리의 특별했던 오늘은 순간순간이 새롭고 신기한 경험들로 가득 차 도무지 하루라고는 믿을 수 없을 지경이었다. 브롬톤을 타기 시작하면서 좋은 친구들을 만났고, 좋은 곳을 여행하게 되었으며, 추억이 한 겹 한 겹 소중하게 쌓여 가게 되었다.

그리고 가끔은 시간이 거짓말처럼 늘어나기도 했으며, 나는 그 마력에 이끌려 이제는 여행지의 기준을 '브롬톤을 가지고 갈 수 있는, 브롬톤을 탈 만한 곳'으로 바꾸게 되었다.

  다음 여행도 역시 브롬톤과 함께.

INTERVIEW

브롬톤의 두 바퀴로 유럽을 누비다

최지호
(27세, 회사원)
M6R RG / RG 2009

간단한 자기소개와 브롬톤 유저가 된 계기에 대해 말씀해 주세요.

저는 블로그에서 조^{Joe}라는 이름으로 활동 중인 브롬톤 유저 최지호라고 합니다. 지난 5월부터 8월까지 제 브롬톤 '만식이'와 유럽 여행을 다녀왔고요.

원래 운동을 좋아해서 회사까지 출퇴근할 자전거를 찾아보던 중 브롬톤을 알게 되었습니다. 대중교통을 이용할 수 있다는 점이 너무나 매력적이었어요. 실용적으로 보이기도 했고요. 하지만 사회 초년생이던 저에게 고가의 브롬톤은 사치라고 생각해서 포기했습니다. 그러나 머지않아 중고 매매 시장에 매물이 올라와서 운 좋게 합리적인 가격에 구매하게 되었습니다.

브롬톤으로 유럽 여행을 다녀왔다고 들었어요.

총 83일 동안 2908.5킬로미터를 이동했고요. 영국-네덜란드-벨기에-룩셈부르크-프랑스-독일-오스트리아-스위스-이탈리아, 총 9개국을 다녀왔습니다.

초반에는 누적 거리에 대한 욕심 때문에 힘들어도 이를 악물고 탔습니다. 하지만 여행은 말 그대로 '여행'이지 '고행'이 아니기 때문에 나중에는 힘이 들면 기차나 버스를 이용했어요. 확실히 브롬톤은 대중교통을 이용할 때 혜택이 많았습니다. 유럽에서 대중교통을 이용할 때 자전거를 실으려면 자전거 요금을 추가로 지불해야 하는데, 브롬톤의 경우에는 폴딩했을 때 짐으로 취급되기 때문에 무료였어요.

브롬톤 유럽 여행은 모든 브롬톤 유저들의 로망이라고 해도 과언이 아닐 텐데요. 이르다면 이른 나이에, 그것도 혼자 브롬톤으로 유럽 여행을 한다는 게 쉬운 결정은 아니었을 것 같아요. 브롬톤 유럽 여행을 결정하기까지 어떤 계기가 있었나요?

대학교 졸업 후, 평범한 직장 생활을 했습니다. 어린 나이였지만 욕심이 많았고, 남들보다 일찍 경제적인 여유를 찾고 싶어서 금융권 직종에 종사했습니다. 입사하고 하루 종일 앉아서 일해야 하는 게 정신적으로 많이 힘들었습니다. 천성이 활동적이다 보니, 한자리에 오래 앉아 있지를 못하거든요. 그래도 퇴근할 땐 브롬톤 만식이를 타고 헬스클럽에 가서 꾸준히 운동을 하며 스트레스를 풀고는 했습니다.

정말 힘들었던 시기는 진급을 준비할 때였어요. 날마다 과중한 업무에 시달리다 보니 죽을 것 같았습니다. 그 시기에 '현기의 싸이클링$^{\text{http://blog.naver.com/sky3278}}$'이라는 블로그를 알게 되었습니다. 김현기님이 유럽을 여행하면서 실시간으로 여행기를 올렸지요. 날마다 올라오는 현기님의 여행기를 아침 출근길에 보면서 진급 준비를 버틴 것 같아요. 그걸 보며 많은 영향을 받았고, 가장 빛나는 이십 대를 누구보다 후회 없이 살고 싶다고 생각했습니다. 그리고 '나도 꼭 자전거로 유럽 여행을 해야겠다.'라고 마음먹었습니다. 마음 붙일 곳이 생겼기 때문이었을까요. 다행히 진급도 잘했습니다.

유럽 여행은 정말 차분히 준비했습니다. 여행 중 일어날 수 있는 자전거 수리 문제들을 혼자 해결해야 하기에 '바이클리'에서 주최하는 자전거 정비 교실 수업을 들었고요. 월급 때마다 자전거 용품도 하나둘씩 천천히 구입했어요. 혹시나 준비 중에 마음이 바뀔까 봐 비행기 티켓은 빼도 박도 못하게 6개월 전에 미리 결제했습니다. 유럽 여행 동안 '웜샤워$^{\text{Warm Shower}}$'라는 커뮤니티를 통해 외국인들의 집에서 지낼 예정이었기에 회화 문제를 고려해서 퇴사 후 3개월간 필리핀 어학 연수도 다녀왔습니다.

그리고 드디어 2014년 5월 25일, 만식이를 데리고 유럽행 비행기를 탔습니다.

정말 꼼꼼하게 잘 준비한 여행이었네요. 여행 중 가장 인상 깊었던 순간은 언제였나요?

여행하는 내내 저는 운이 좋았던 것 같아요. 물론 아찔했던 순간도 있었지만, 제가 만난 대부분의 유럽 사람들이 저에게 호의적이었어요. 어느 동네에 가든 아저씨들은 스스럼없이 맥주를 건네 주셨고, 아줌마들은 맛있는 음식을 주셨어요. 특히 기억나는 사람은 스위스 링겐베르크Ringgenberg라는 동네의 안네Anne 아줌마입니다. 그날 저는 우리나라에서도 TV 프로그램 〈꽃보다 할배〉를 통해 유명해진 인터라켄Interlaken이라는 마을에 갈 예정이었습니다. 가는 길에 스위스식 한국민속촌인 발렌베르크 오픈-에어 뮤지엄Ballenberg Open-Air museum에 들러서 관광도 할 계획이었습니다. 며칠 전부터 날씨가 계속 좋아서 캠핑을 하기로 마음먹고 숙소를 따로 구하지 않고 갔습니다. 그런데 아침부터 비가 거세게 와서 자전거를 타면서도 엄청 애를 먹었습니다. 산을 타고 내려갈 땐 사고도 날 뻔했고요. 발렌베르크 오픈-에어 뮤지엄에 도착했을 땐 이미 비에 젖은 생쥐 꼴이었습니다. 입장료를 내려는데, 박물관 매표소에서 근무하고 있던 안네 아줌마가 제가 흥미로웠는지 이것저것 물어보셨습니다. "어느 나라 사람이니? 얼마나 여행 중이니? 힘들진 않니?" 하면서요.

관람 후 출구에서 안네 아줌마를 다시 만나게 되었는데, 잘 곳은 있느냐고 물어봐 주셨어요. 캠핑을 할 계획이었으니 잘 곳은 당연히 없었고, 정말 절박했습니다. 안네 아줌마는 그런 저를 자신의 집으로 안내해 주었습니다. 덕분에 저는 3박 4일간 맛있는 스위스 전통 음식과 따뜻한 샤워 그리고 브리엔츠 호수$^{lake\ Brienz}$가 보이는 예쁜 방과 푹신한 침대까지 여행자에게 허락될 수 있는 최고의 것들을 누릴 수 있었습니다. 안네 아주머니와 헤어지는 날, 작별 인사를 하면서 엉엉 울었어요. 지금도 잊을 수 없는 최고의 기억입니다.

가장 자전거 타기 좋았던 나라는 어디였나요?

네덜란드는 워낙 길도 평지이고, 인프라가 잘 갖추어져 있기로 유명한 곳이라 자전거 타기에 정말 좋았습니다. 하지만 저는 오스트리아가 더 기억에 남아요. 시간이 촉박해서 파사우^{Pasau}부터 멜크^{Melk}까지 이틀 동안 200킬로미터를 달렸는데, 도나우 강을 낀 자전거도로라서 경치도 좋고 길도 평평해 생각했던 것보다 힘들게 느껴지지 않았어요. 정말 즐거운 라이딩이었습니다.

여행하면서 브롬톤에 대해 많이 파악하게 되었을 것 같아요. 브롬톤의 최대 장점은

무엇일까요?

브롬톤의 장점이라면 단연 폴딩과 대중교통 점프가 가능하다는 점이지요. 83일이라는 짧은 기간 동안 많은 나라를 가려고 욕심 내다 보니 자전거로는 한계가 있더라고요. 2900킬로미터 넘게 자전거를 타면서 버스, 기차도 많이 탔습니다. 시간에 쫓겨 가며 기차 환승을 할 때가 많았는데, 일반 자전거보다는 확실히 잽싸게(?) 실을 수 있었어요.

혹시 브롬톤에 대해 아쉽다 싶은 점도 있을까요?

폴딩했을 때 부피가 작아지기는 하지만 무게는 무시하지 못하겠더라고요. 제 브롬톤 만식이는 17킬로그램이었고 백팩이 18킬로그램, 프론트백이 4~5킬로그램 정도였습니다. 기차를 탈 땐 백팩을 메고 한 손엔 프론트백, 한 손엔 만식이를 들고 탔는데요. 지금 생각해 보면 그때 제가 어떻게 그 무게를 버텼는지 신기하기만 합니다. 왜 브롬동 회원님들이 경량화에 관심을 가지는지 알 것 같더라고요.

유럽 여행을 계획 중인 브롬톤 유저들에게 팁을 준다면요?

스위스에서 이탈리아로 넘어가는 도중에 첫 펑크가 났습니다. 그때가 이미 2700킬로미터를 탄 상태라 타이어가 닳을 대로 닳아서 튜브만 갈면 또 금방 펑크가 날 것 같았습니다.

근처 자전거 매장에 들러 아예 타이어를 교체하려고 했더니 브롬톤용 타이어는 일반 매장에서는 구하기 어려워 주문을 해야 한다고 하더라고요. 주문하면 최소 이삼일 정도 걸릴 거라고 했습니다. 저는 귀국 티켓까지 있어서 시간 내에 이탈리아로 가야 했던 상황인지라 스위스 시옹Sion이라는 동네에 며칠을 머무를 수는 없었습니다. 이탈리아의 도로는 자전거 타기에 정말 좋지 않은 여건이라고 알고 있었기에 더 불안했고요. 결국 노심초사하며 다시 라이딩을 시작했습니다.

다행히 시에레Sierre에 사는 웜샤워 호스트 틸리Tilly와 마크Marc 부부께서 아침 일찍 바젤Basel까지 기차를 타고 가 타이어를 구해 주셨습니다. 저는 정말 행운아였죠.

만약 브롬톤으로 장기 여행을 하거나 험한 루트로 라이딩 계획이 있다면, 타이어를 미리 챙기거나 여행 경로 내에 브롬톤 정션Brompton Junction이 있는지 미리 확인하는 게 좋을 것 같아요.

앞으로 브롬톤과 함께 떠나고 싶은 곳이 있다면요?

이제 당분간은 한국에 있을 예정이지만, 기회가 된다면 미국에 가고 싶어요. 모던한 동부와 자유로운 서부, 지역마다 다른 분위기를 만식이와 함께 느끼고 싶어요. 특히 캘리포니아 해안을 만식이랑 달리고 싶어요. 사실 스페인 산티아고 순례자 길도 생각했었는데, 거긴 제 발로 직접 걸어 보고 싶어서 만식이는 쉬어야 할 것 같아요. 하하.

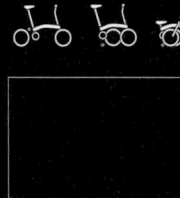

BROMPTON
BLACK

10

나를

믿어요

아홉 살부터 열일곱 살까지 나는 대체로
자전거를 타면서 휴일을 보냈다.
이것은 내가 받은 최고의 교육이었으며
학교 교육보다 훨씬 더 좋았다.
- **프랭클린 루스벨트** Franklin Delano Roosevelt

내가 좋아지는 날,
그날의 브롬톤

겨우내 웅크리고 있던 나의 어깨처럼, 내 방 한구석에 웅크리고 있던 나의 작은 친구 브롬톤. 오랜만에 꺼내 든 브롬톤은 시간이 멈춘 듯 늦가을 마지막으로 접어 두었던 그날의 모습 그대로였다. 빵빵하게 바람을 넣어 두었던 타이어는 처음의 그것만큼은 아니더라도 제법 단단했으며, 뽀얗게 내려앉은 먼지가 무색할 정도로 그 흔한 실 펑크 하나도 나지 않은 꼿꼿한 모양새였다. 얌전한 고양이처럼 구석에 앉아 내가 일으켜 세워 주기만을 기다리고 있었을 나의 브롬톤.

우리는 길고 긴 겨울잠에서 깨어난 것처럼 크게 기지개를 켜고, 웅크리고 있던 어깨를 이리저리 움직여 가며 가볍게 동네를 한 바퀴 돌았다. 따뜻한 봄날의 페달링은 여느 때보다 가볍게 느껴져, 어느새 제법 먼 곳까지 가게 되었다. 아득하게 멀리까지 펼쳐진 길이 언제까지고 달릴 수 있을 것만 같아서였을까.

계속 가는 건 좋지만, 달린 만큼의 길을 돌아와야 하는 것이 자전거 라이더들의 숙명. 그래서 더 달리고 싶어도 돌아올 길을 생각해 핸들을 놓아야 하지만, 브롬톤은 돌아올 길을 걱정하지 않아도 된다. 나의 엔진 말고도 '점프'라는 믿는 구석이 따로 있기 때문이다. 조금 멀리 떠났다가 돌아오는 길이 너무 힘들거나 후회스러워지면, 나는 브롬톤을 접고 한 손으로 번쩍 들어 대중교통 점프를 한다. 그럴 때면 큰 덩치 때문에 대중교통 점프가 제한적인 여타 자전거들과는 달리, 폴딩하면 자그마해져서 지하철이든 버스든 얼마든지 탈 수 있는 브롬톤의 '절대 능력'이 새삼 고마워진다.

폴딩한 브롬톤을 들고 지하철 계단을 내려가는 길. 승강장 한 귀퉁이에 어릿어릿 비치는 내 모습. 한쪽 어깨에는 에코백을, 한쪽 손에는 브롬톤을 들고 가는 내 모습이 그 어떤 명품백을 멘 것보다도 멋져 보인다. 행여 망가질까 모시고 다녀야 하는 명품백보다, 내 발이 되어 어디든 데려다주는 브롬톤의 가치를 더 알고 있는 나이기에 다행이다.

계속 달릴 것을 요구하지 않고, 적당히 멈출 것을 강요하지 않는 브롬톤. 내게 자전거의 덕목을 강요하지 않는 브롬톤을 타고 나는 오늘도 달리고 싶은 곳까지 멀리 달려가 본다.

  오로지 내 엔진의 힘으로 달리는 자전거이지만, 나만 믿어야 하는 자전거가 아닌 믿을 구석이 많은 브롬톤이라, 오늘도 자신 있게 페달을 밟아 본다. 브롬톤이 내게 말을 걸어오는 것만 같다. '나를 믿어요.'

무겁지 않아요,
정말로

브롬톤의 무게는 일반적으로 12~13킬로그램 정도. 모델에 따라 더 가벼워질 수도, 더 무거워질 수도 있지만, 보통 그 정도의 무게다. 아장아장 걷기 시작하는 사랑스런 조카 은서보다 좀 더 무겁지만, 끙차 크게 숨 한번 들이켜면 금방 들 수 있는 무게.

한 손으로 들기에 그리 가벼운 무게는 아니지만, 그렇다고 두 손으로 드는 건 모양새도 그렇고 영 내키지 않아 매번 한 손으로 들고 다니는 완폴 상태의 브롬톤. 이렇게 여자가 한 손으로 브롬톤 한 대를 번쩍 들고 가다 보면 받게 되는 사람들의 시선 그리고 열이면 열 물어 오는 질문. "자전거, 안 무거워요?"

사실 한 손으로 브롬톤을 번쩍 들어 올릴 때 손목이 저릿저릿하거나 좀 무겁다고 느낄 때도 있다. 하지만 그 앞에서는 절대 무거운 내색 없이 빙긋 웃으며, "아뇨, 안 무거워요." 라고 대답하고는 서둘러 자리를 피한다. 다른 사람이 들어 보고 무겁다고 하면 어쩐지 거짓말쟁이가 된 기분일까 봐.

가끔 브롬톤의 무게에 대해 생각해 본다. 내가 감당해야 하는 브롬톤의 무게와, 브롬톤이 감당해 내는 무게에 대해. 나의 몸무게와 짐+@ 그리고 브롬톤의 무게 12킬로그램. 때로는 작은 몸집으로 접혀 날 성가시게 하지 않는 브롬톤에게, 12킬로그램 남짓의 그 무게로 100킬로그램 이상의 무게까지도 감당해 내는 브롬톤에게 더 가벼울 것을 바라는 건, 순전히 내 욕심이겠다.

누군가 내게 브롬톤의 무게에 대해 묻는다면, 자신 있게 대답할 수 있다.

무겁지 않아요, 정말로.

TRAVEL
with
BROMPTON

경주

경주,
맑음

내 기억 속의 경주는 늘 젖어 있었다. 빗속의 경주.
첫 경주는 내 또래 대부분이 그러하듯이 수학여행이었다. 좁아터진 비둘기호에 세 명이 끼어 앉아 함께 도시락을 나누어 먹으며 깔깔대던 여고시절의 수학여행. 3박 4일 내내 폭우가 쏟아져 우리는 경주까지 가서 거의 많은 시간을 체육관이나 숙소, 버스 안에서 보내야만 했다. 그래서인지 수학여행의 추억을 떠올리면 친구들과 숙소에 빙 둘러앉아 도란도란 나누었던 이야기들, 옆 숙소 남학생들과의 에피소드 같은 기억이 송알송알 떠오르곤 한다.
두 번째 경주는 오래지 않은 재작년의 추억이다. 울산에 사는 친구를 보러 갔다가 서울로 올라오는 길에 들른 경주. 분명 내가 출발할 때까지만 해도 괜찮았던 하늘이 경주행 기차를 탄 이후로 급격히 흐려지더니 결국 비가 한두 방울씩 떨어지기 시작했다. 가을의 경주, 정말 예쁘고 고즈넉한 경주를 기대한 나는 후드점퍼 모자를 뒤집어쓰고 기어이 첨성대며 안

압지를 갔더랬다. 수학여행 때 못 본 곳들을 다 가보리라 하며! 빗줄기는 점점 거세지고, 나는 물에 빠진 생쥐마냥 쫄딱 젖은 상태로 서울행 KTX에 몸을 실었다. 이러니 내 기억 속의 경주는 늘 습기 가득할 수밖에.

그럼에도 불구하고 다시 한 번 경주를 찾은 이유는 단 하나, 브롬톤과 친구들 때문이었다.

- 나 항상 경주에만 오면 '아메온나★'였는데, 이번엔 괜찮을까?

걱정 반 기대 반으로 도착한 봄날의 경주는 맑고 청명했다. 게다가 경주는 차가 많지 않아 브롬톤을 타기에 아주 좋은 도시였다.

가벼운 페달링으로 들어선 무열왕릉. 하지만 들어가려면 브롬톤은 밖에 세워 놓아야만 했다. 자전거 거치대는 있었지만, 자꾸만 브롬톤의 몸값이 아른거려 차마 그곳에 세워 둘 수가 없던 나의 레이더망에 잡힌 매표소 앞 슈퍼마켓.

- 우리 아이스크림 하나씩 먹자.

내 눈짓에 우르르 몰려가 아이스크림 하나씩을 냠냠 문 우리는, 계산을

★**아메온나** 雨女 비를 몰고 다니는 여자라는 뜻의 일본어

위해 밖으로 나온 아주머니 앞에서 브롬톤을 착착 접어 보였다.

- 하나, 둘, 셋, 이렇게 접으니까 엄청 작아지죠?
- 와, 아이스크림 진짜 맛있다! 이모님, 여기 아이스크림이 유난히 더 맛있는 것 같아요.

능청스레 말을 걸며 자연스레 슈퍼 한쪽에 브롬톤을 세워 두니, 아주머니도 차마 밖에 내놓으라는 말을 못하고 피식 웃어 버린다.

- 그거 얼마나 해?
- 음, 여섯 대니까 합쳐서 천만 원도 넘어요.
- 아이구, 그걸 놓고 가?
- 이모님이 잘 봐 주실 건데요, 뭐. 여기 세워 두니까 인테리어 효과도 되고 예쁜데요? 얼른 다녀오겠습니다!

우리는 싱글싱글 웃으며 천연덕스럽게 아주머니께 브롬톤 여섯 대를 맡기고는 무령왕릉으로 들어섰다. 이런 식으로 브롬톤을 맡기는 것이 습관이 되니, 자연스레 군것질과 능청이 늘었다. 처음엔 가게 앞에서 어슬렁

어슬렁하며 고민하던 나였지만, 몇 번의 홀대와 몇 번의 환영을 받고 나니 이젠 제법 자연스럽게 브롬톤을 맡길 수 있게 되었다. 때론 성질 고약한 주인이면 어쩌나, 유난 떤다고 욕먹지는 않을까 걱정도 되지만, 나는 여전히 그 걱정을 뒤로하고 싱글싱글 웃는 얼굴로 가게에 들어서 굳이 필요하지 않은 물건 몇 개를 집어 든다.

무령왕릉 관람 후에는 잘 조성되어 있는 경주의 자전거 길을 만끽하며 자연과 하나 된 기분으로 경주 라이딩을 즐겼다. 푸르른 봄날의 자연과 맑은 공기, 브롬톤 그리고 이 순간을 함께 공유하는 친구들까지. 모두가 눅눅한 내 경주의 기억을 바짝 말려 주고 있었다. 날씨도 좋고 기분도 좋은 이 순간이 참 행복해서 우리가 함께하는 이 길이 언제까지고 이어지면 좋겠다고 몇 번이나 몇 번이나 생각했다.

하지만 항상 그렇듯 즐거운 시간은 고양이처럼 스르륵 내 곁을 스쳐 지나가 버리나 보다. 이내 공포의 오르막 구간이 나타났고, 하하 호호 떠들던 우리의 말수도 급격히 줄어들었다. 이상하게 오르막길에선 나도 모를 오기가 발동해 힘들어도 쉬지 않고 낑낑대며 단번에 올라가는 탓에 친구들과의 거리가 점점 멀어졌다. 분명 같이 시작했는데, 몇 번의 오르막을 거치자 점점 혼자 달리는 시간이 길어진 이상한 모양새. 먼저 간 나도 미안하고, 늦게 오는 친구도 미안해하는 상황이 되니 그제야 아차 싶었다.

혼자 동네나 한강을 달리던 것이 익숙해, 선두에 서면 뒤도 안 돌아보고 가던 나는 몇 번의 단체 라이딩을 통해 스스로를 단련하기 시작했는데, 이따금 오랜 습관이 튀어나오고는 했다. 단체로 움직일 때는 서로서로 속도를 맞추어 가며 자신의 자리를 지켜 대열을 이탈하면 안 되었다. 앞으로 더 나갈 수 있어도 튀어나온 돌처럼 갑자기 나와서도 안 되고, 내 자리를 지키며 함께 가야 하는 것이다. 나는 속도를 줄이기 시작했다.

그렇게 서로의 속도에 조금씩 조금씩 맞추어 가며 중간중간 쉬어 가며, 숨넘어갈 것 같이 아찔한 몇 번의 오르막길을 넘었다. 수고한 우리에게 보상이라도 하는 듯 눈앞에 펼쳐진 내리막길을 시원하게 온몸으로 맞이하며 우리는 그렇게 불국사에 도착했다.

불국사 또한 브롬톤을 가지고 들어갈 수 없었기에 일단 적당히 쉴 곳을 찾아 헤매다 발견한 근처 작은 공원. 우리는 헬리녹스 의자를 펼치고 앉아 망중한에 빠져들었다. 계속된 오르막과 내리막을 온몸으로 받아 내고 난 뒤라서일까. 급속도로 피로가 몰려와 나도 모르게 스르륵 잠이 들었다. 친구들 말로는 그때 내가 3분 정도 잠을 잔 것 같단다. 그런데 나는 불국사 하면 그날의 풍경이 떠오를 정도로 아주 길고 곤하고 달달하던 낮잠을 떠올린다. 브롬톤 때문에 불국사로 곧장 가지 못해 작은 공원으로 가게 되었고, 바람이 머리칼을 스치고 코끝에 닿기에 스르륵 눈을 감았고, 그리고 눈을 떴을 때는 잠들기 전과 아주 달라진 풍경을 보게 되었으니까. 그것은 경로를 이탈해 본 자만이 알 수 있는 우주의 미세한 흔들림 같은 것이었으리라.

그리고 그 모든 것은 브롬톤에서 시작된 것이 틀림없었다. 자동차를 가지고 갔다면 우리는 곧장 주차장으로 갔을 테지. 그리고 허락된 길을 걸었을 테지. 누구든 거닐었던 길을 따라 걸으며 어디선가 본 적 있는 바람을 맞았겠지.

그러나 우리는 브롬톤 유저였다.

어디든 브롬톤을 타고 달리고자 떠난 그 길 위에서 나는 브롬톤과 나란히 앉아 잠시, 정말 잠시 쉬었나 보다. 그리고 잊히지 않는 추억이 생겼다. 브롬톤, 젖어 있던 경주의 기억을 보송하게 말려 주어 고마워.

INTERVIEW

가족톤으로
온 가족이 함께 즐기는
브롬톤 라이프

양지호
(27세, 학생)
M3L RG / YE 2013

모든 브롬톤 유저들의 로망인 가족톤을 가지고 계시다니, 멋져요! 가족톤 소개를 해주세요.

저희 집에는 총 네 대의 브롬톤이 있습니다. 상황에 따라 서로 바꾸어 가며 타기는 하지만 굳이 주인을 붙이자면 아버지 양내윤/54의 왕자톤, 어머니 김연수/54의 M6R DS/DS, 저의 양지호/27 M3L RG/YE 그리고 동생 양재원/19의 S6L AB/AB가 있습니다.

가족 중 누가 먼저 브롬톤을 접했는지요? 가족톤을 구성하게 된 역사가 궁금하네요.

저희 가족이 브롬톤을 처음 접하게 된 건 아버지 친구 분의 추천 때문이었어요. 아버지가 처음으로 한 대 구매하시고 브롬톤의 매력에 빠지게 된 것이죠. 처음에는 친구 분들과 브롬톤을 타고 다니시다가 가족과도 같이

타고 싶은 마음에 한 대씩 한 대씩 구매하다 보니 가족 구성원 모두가 브롬톤을 가지게 되었습니다.

멋지네요. 브롬톤의 어떤 매력에 끌려 가족 모두가 함께하게 되었는지 궁금합니다.
브롬톤만이 가지고 있는 실용적이면서 클래식한 디자인은 가족 모두가 끌리기에 충분했고 SUV 차량 트렁크에 네 대가 다 들어가는 점 또한 큰 장점이었습니다.
여행을 갈 때마다 자전거 대여소에서 자전거를 빌려 타다 보면 늘 공간과 시간의 제약이 따랐는데, 그것이 싫기도 했지만 무엇보다도 대여용 자전거는 여행의 낭만을 떨어뜨리거든요. 브롬톤은 디자인과 휴대성 모두 만족스러워서 가족 모두가 구매하게 되었습니다.

가족톤을 갖고 있으면 온 가족이 함께 곧잘 라이딩을 하게 되나요?
다들 바빠서 주말마다 함께 타지는 못하는데요. 그래도 가족 여행을 갈 때마다 브롬톤을 꼭 챙기곤 합니다. 브롬톤도 식구 같은 존재가 되었지요.

가족이 같은 취미를 공유하고 있다는 점이 정말 멋있어요. 함께 라이딩 하며 인상 깊었던 추억이 있다면 이야기해 주세요.

예전에 가족 여행을 떠났을 때 일인데요. 장소는 확실히 기억이 안 나는데, 드라이브 중에 정말 운치 있는 숨겨진 길을 발견했어요. 풍경에 감탄한 저희 가족은 그 자리에서 차를 세우고 바로 각자의 브롬톤을 펴서 라이딩을 했습니다. 멋진 추억이에요.

앞으로 가족톤으로 함께 하고픈 일이 있다면요?

요즘 캠핑에 관심이 많아졌어요. 저희 가족도 기회가 된다면 멀지 않은 곳으로라도 다 같이 브롬톤을 타고 캠핑을 떠나고 싶습니다. 가족과 함께 떠나는 브롬톤 캠핑은 색다른 추억을 안겨 줄 것 같아요.

가족톤, 이래서 추천한다! 가족톤이라서 좋은 점에 대해 마지막으로 한 마디 해 주세요.

앞서 말씀 드린 것처럼 여행 중 길을 가다가 아름다운 곳을 발견하면 다 같이 그곳을 라이딩 할 수 있다는 게 너무 좋은 것 같아요. 브롬톤이 한 대나 두 대 뿐이라면, 동시에 라이딩을 할 수는 없으니까요. 브롬톤의 매력을 가족 구성원이 같은 순간에 느낄 수 있다는 것은 대단한 기쁨이에요. 취미 생활을 온 가족이 함께 하니 가족 간 사이도 더 돈독해지는 것은 물론이고요.

BROMPTON
LAGOON BLUE

11

BWCK,

봄날의 브롬톤을

좋아하세요?

어릴 적 내 꿈은 자전거를 갖는 것이었다. 처음 자전거를 갖게 되었을 때 나는 리버풀에서, 아니 세상에서 가장 행복한 소년이었다. 다른 아이들은 밤에는 자전거를 뒷마당에 버려두었지만 나는 꼭 집 안에 들여놓았다. 자전거가 생긴 첫날 밤에는 침대 속에서 함께 잤다.
- 존 레논 John Winston Ono Lennon

일 년에 하루,
브롬톤만의 세상

차르르르. 차르르르. 브롬톤의 라쳇 소리가 여기저기서 화음처럼 울려 퍼지고, 곳곳에서 형형색색의 브롬톤과 브리티쉬 스타일로 차려입은 유저들이 한곳으로 모여든다. 보타이에 셔츠, 재킷. BWCK의 드레스 코드로 차려입은 나는 출발할 때만 해도 튀는 차림이었으나, 이곳에 와서 비로소 자연스러운 차림새가 되었다. 오히려 평범한 차림이 튀어 보이는 오늘. 하늘에 브롬톤 로고가 그려진 열기구가 둥실 떠올라 있는 오늘은 바로 일 년에 한 번 있는 브롬톤 유저들의 축제, BWCK가 열리는 날이다.

매년 브롬톤 타기 딱 좋은 날에 열리는 BWCK 대회. 경기 시작 시간보다 조금 이른 아침 8시 즈음, 경기가 열리는 미사리 조정 경기장에 도착했다. 봄날이긴 하지만 느닷없는 폭우가 쏟아지곤 하던 때라 혹시라도 비가 오면 어쩌나 걱정했는데 다행히 입고 있던 재킷이 살짝 덥게 느껴질 정도로 날씨가 화창했다. 참가 번호 7번, 럭키 세븐의 행운을 바라는 마음으로 신청한 참가 번호가 적힌 종이를 등에 달고 나니, 정말이지 오랜만에 두근두근 가슴이 뛰었다. 마치 운동회에 참가하는 기분. 단 한 번도 선두로 달려 본 적은 없지만 레인에 섰을 때만은 늘 가슴이 뛰었던, 그 시절 그 기분이 되어 나는 신 나게 대회장 여기저기를 기웃거렸다.

시간이 지날수록 다양한 차림새의 브롬톤과 브롬톤 유저들이 속속 모습을 드러냈다. 커플룩을 차려입은 아빠와 어린 딸, 결혼을 앞두고 웨딩룩으로 옷을 맞춘 커플, 브롬톤과 커플룩을 맞춘 유저, 샤랄라 드레스를 입은 여성 유저 등, 개성이 물씬 풍겨 나오는 그들의 모습에서 경주의 치열함보다는 축제의 여유로움을 느낄 수 있었다.

푸른 잔디 위로 참가 번호들이 쭉 놓여 있다. 참가자들은 각자의 참가 번호 위에 브롬톤을 완폴하여 올려놓고, 뒤쪽 출발선에서 대기하고 있다가 신호와 함께 출발하는 방식으로 경기가 진행된다. 즉 일반적으로 자전거를 타고 시작하는 다른 자전거 경주와는 달리, 브롬톤 경주는 폴딩되어 있는 브롬톤을 펴는 것부터가 시작인 것이다. 아무리 빨리 출발해도, 브롬톤을 펴는 데 시간이 오래 걸린다면 낭패를 보게 된다. 그래서 브롬톤 경주에 참가하려면 빠르게 폴딩하고 펴는 연습까지 함께 하는 것이 좋다.

남자부가 먼저 출발하며 경주의 시작을 알렸고, 이어 5분 뒤 여자부가 출발선에 섰다. 학창 시절의 운동회도 아니고 정말 즐기러 온 행사인데도, 출발선에 서자 두근두근 마음이 떨려 왔다. 출발 신호를 기다리는 몇 초의 찰나에는 '와, 이러다 진짜 내가 런던 가는 건 아니겠지?' 하는 말도 안 되는 생각을 하기도 했다. 땅! 출발을 알리는 소리와 함께 참가자들이 각자의 브롬톤을 향해 두두두두 달려갔다. 나는 급한 마음에 버벅버벅 평소보다도 서툰 손놀림으로 정신없이 브롬톤을 펼쳐 들고는 경기장을 향해 달려 나갔다. 레이싱 코스는 미사리 조정 경기장 세 바퀴를 도는 것이 전부. 오르막이나 내리막이 있는 난이도 높은 코스는 아니었지만, 그렇다고 결코 만만하게 볼 코스도 아니었다. 초반에 욕심내어 속도를 내다 보면 힘이 빠지기 마련이기에, 페이스 조절을 통해 꾸준한 속도를 유지해야만 좋은 성적을 낼 수 있다.

아주 찰나의 순간, 일등에게 주어지는 런던행을 꿈꾸며 있는 힘껏 페달링을 해 보았지만, 그 꿈도 잠시. 다들 무지막지한 속도로 내 옆을 슝슝 지나갔다. 여성스러운 원피스를 입은 유저도, 심지어 하이힐을 신은 유저도 무서운 속도로 달리는 모습을 보고 나니 런던행의 꿈은 저만치 사라져 버렸다.

하지만 역시 포기하니 편했다. 희박한 가능성 때문에 이 봄날을 무심히

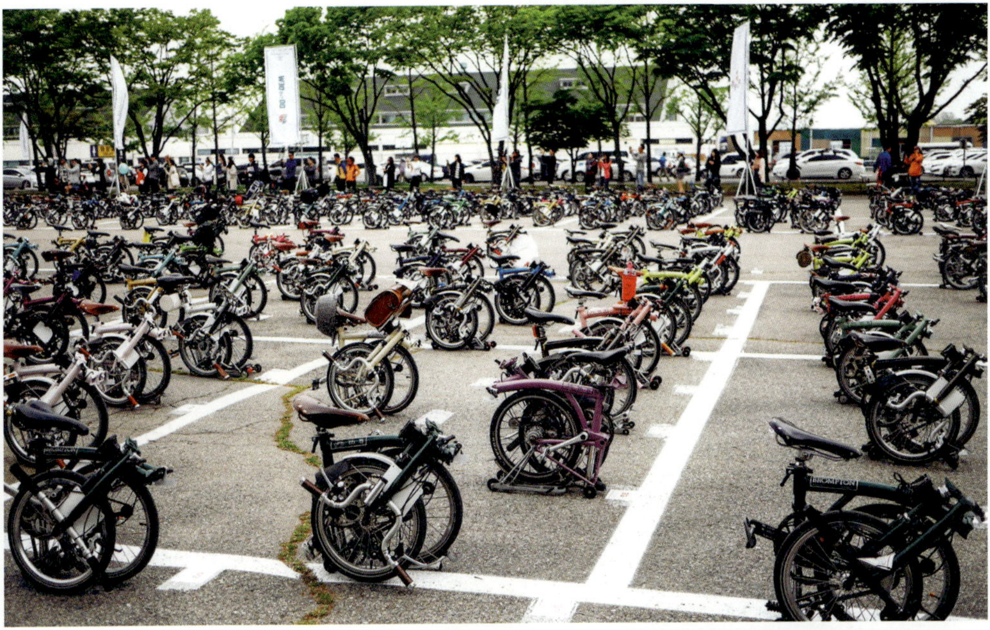
BROMPTON

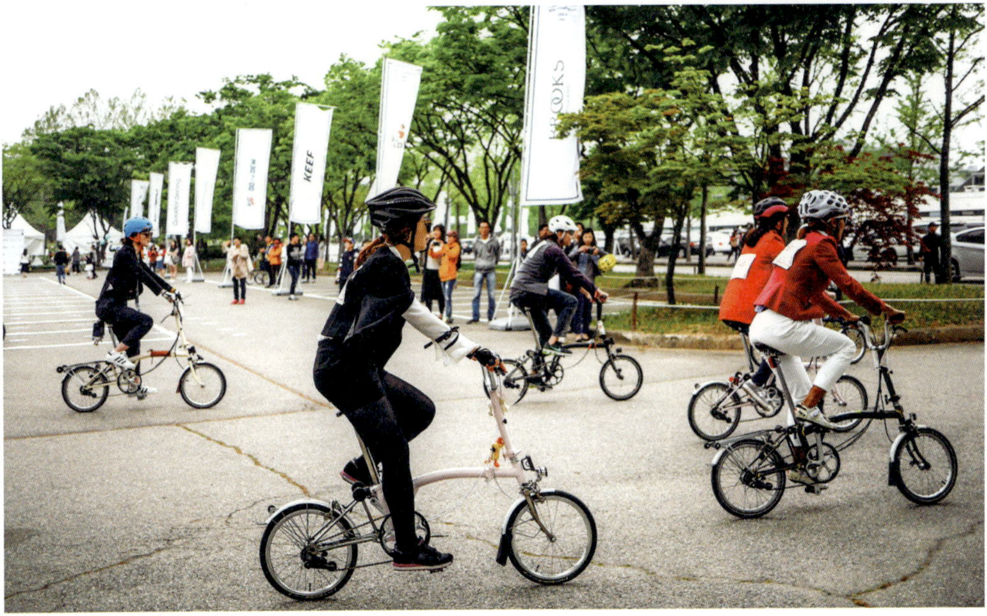
BROOKS
KEEF

보내 버릴 수는 없다고 생각한 걸까. 포기하니 그 순간부터 나무도 보이고 바람도 느껴지기 시작했다. 속도나 기록 등의 숫자는 다 내려놓고 그저 즐기자는 마음으로 코스를 달리기 시작했다. 이렇게 내가 달릴 수 있을 만큼만 야곰야곰 달리는 것도 나쁘지 않았다. 아니, 이 속도로도 제법 달릴 맛이 났다. 나와 함께 달리기 위해 기다리고 있던 남편과 코스 중간에서 만나, 둘이 속도를 맞추어 달려 나가기 시작했다. 함께 달리니 지루하지 않았고, 무리하게 속도를 내지 않으니 힘들지도 않았다.

경주라고 하기엔 싱거운, 라이딩이라고 하기엔 조금 길었던 세 바퀴. 그 속에서 누군가는 열렬히 달렸고, 경쟁했고, 자신을 시험해 보기도 했으며, 또 누군가는 나처럼 참여와 완주에 의의를 두기도 했다. 어떤 이유로 참가했든 그저 브롬톤으로 하나가 되었던 것만은 확실하다, 적어도 그 순간만은. 그렇게 많은 브롬톤과 브롬톤 유저들이 함께했음에도 어느 하나 똑같은 브롬톤이 없었고, 어느 하나 똑같은 차림이 없던, 비슷비슷하지만 각자의 색이 뚜렷했기에 더욱 볼거리가 가득했던 BWCK.

브롬톤은 다른 자전거처럼 다양한 디자인과 모델이 있는 자전거는 아니다. 그렇기에 혹자는 단순한 자전거라 부르기도 한다. 단순함, 난 브롬톤의 그 단순함이 오히려 더 좋게만 느껴진다. 딱 필요한 만큼만, 딱 그만큼만 지니고 있는 브롬톤이 주는 적당한 단순함. 그 단순함이 우리로 하여

금 더 창의적으로 나만의 것을 만들게끔, 고민하게끔 해 주니까. 자동차의 BMW MINI가 그러하듯 오토바이의 베스파가 그러하듯 브롬톤 또한 유저들로 하여금 스스로 문화를 만들어 가게 길을 닦고 있다.

INTERVIEW

두 바퀴로 나란히 달리는 사랑의 길, 커플톤

정인애
(35세, 일러스트레이터)
M2L YE / YE 2013

이상진
(35세, UX디자이너)
M3R OR / OR 2013

두 분은 언제부터 브롬톤을 같이 타기 시작했나요?

정인애: 2011년쯤 접이식 자전거에 꽂혀서 처음엔 커플로 스트라이다를 함께 탔었는데 2012년에 남자 친구가 갑자기 브롬톤에 빠지면서 먼저 갈아탔고 자연스럽게 저도 따라서 브롬톤을 구매하게 되었어요. 그 뒤로 줄곧 함께 타고 있지요. 브롬톤이 세분화되어 기종이 많기도 하고, 남자 친구는 구조나 정비에 대한 호기심이 많은 타입이라 P6R, S2L, G1E 등등 벌써 여러 대의 브롬톤이 거쳐 갔어요. 저는 처음에 S2L을 탔었는데 키가 작아서 포지션이 힘들었고 지금 타고 있는 M2L이 저에겐 안성맞춤이에요. 앞으로도 바꿀 생각은 없고요.

이상진: 2010년까지 미니벨로를 타다가 제가 먼저 브롬톤으로 자전거를 바꾸면서 여자 친구도 같이 바꾸게 되었습니다. 처음에는 너무 비싼 자

전거라 생각되어 쉽게 구매할 수 없었는데 관심을 갖고 알아보다 보니 그 매력에 빠져들어서 어느새 둘 다 브롬톤을 타고 있네요.

혼자서 하는 라이딩보다 커플 라이딩이 좋은 이유에는 뭐가 있을까요?
정인애: 연인이 취미를 함께하면 둘 사이에 많은 것들이 생겨요. 단단한 유대감이 싹트고 대화할 거리들이 늘어나지요. 함께 보고 느낀 것들을 나누면서 둘만의 건강한 추억이 생깁니다. 노년에도 우리는 '그때 그랬었지' 하며 끊임없이 대화할 게 분명해요.
이상진: 혼자 즐기기보다 둘이 같이 시간을 보내고 즐길 수 있다는 점이 좋습니다. 데이트를 자전거로 하는 건데, 먼 거리를 가더라도 둘이 같이 가면 시간이 짧게 느껴져요. 그만큼 공유하는 즐거움이 크다는 뜻일 테지요.

라이딩 코스도 여러 곳이 있을 텐데요. 두 분이 다닌 곳 중 커플 라이딩 장소로 추천할 만한 코스가 있다면요?
정인애: 저는 춘천에서 가평까지 가는 라이딩 코스가 좋았어요. 남자 친구와 동호회 분들과 함께 갔는데요. 서울에서 가깝기 때문에 언제든지 가벼운 마음으로 가기에 편하고요. 서울에서 ITX 청춘열차를 타고 춘천에 도착해서 닭갈비를 푸짐하게 먹은 뒤 가평까지 자전거 라이딩을 하면 풍경도

좋고 달리는 거리도 적당합니다. 개인적으로 좋은 기억이 많은 곳이에요.

이상진: 커플로 다닌다면 평소에 안 가 본 길로 다니며 생소한 장소들을 둘러보는 것도 좋을 거라고 생각합니다. 홍대 거리나 가로수길처럼 잘 알려진 명소에도 숨겨진 골목이나 뒷길은 반드시 있으니, 새로운 장소를 발견하는 재미를 느끼며 돌아보는 것을 추천합니다.

두 분은 브롬톤을 주로 어떤 용도로 타고 있나요?

정인애: 1킬로미터부터 80킬로미터까지 모두 자전거를 꺼내 탑니다. 가까운 우체국에 우편물을 접수하러 가거나 빵을 사러 갈 때, 친구와 약속이 있어서 카페에 갈 때, 주말에 맛집을 찾아다니거나 먼 곳으로 여행을 갈 때도 늘 자전거를 타고 이동합니다. '생활 밀착형'이라고 보시면 됩니다. 게다가 브롬톤은 다른 교통수단과 연계가 편해서 어디든 들고 갈 수 있기 때문에 아무런 제한 요소가 없거든요.

이상진: 일상생활 속에서 이동 수단으로 어디에 가든지 들고 다니는 것 같아요. 직장에 출근할 때, 친구와 약속이 있을 때, 데이트하러 갈 때도 항상 들고 다닙니다.

브롬톤을 타면서 느끼는 만족스러운 점과 불만족스러운 점을 말씀해 주시겠어요?

정인애: 불만족스러운 점은 없어요. 반면 만족스러운 점은 아주 많아요. 무엇보다 제가 운동을 하고 있어요. 전 운동을 싫어하는 사람이었거든요. 그런데 자전거를 탈 땐 너무 즐거워서 그런지 힘들다고 생각해 본 적이 없네요. 그런 점이 스스로도 꽤 놀라워요. 그리고 브롬톤이 현재까지 가장 완성도 높은 폴딩 자전거라서일까요, 장소 불문하고 어디든 함께할 수 있어서 좋습니다. 제가 가는 곳이라면 그게 어디든 제 옆엔 항상 브롬톤이 있어요. 가장 만족스러운 점이지요.

이상진: 만족스러운 점은 브롬톤을 타기 시작하면서 생활 반경이 넓어졌다는 겁니다. 불만족스러운 점은 가격이 높은 반면 주행 성능은 좀 떨어진다는 점이겠네요.

이상진님은 브롬톤과 함께 동해안 일주도 다녀오셨다고요, 어떠셨나요?

이상진: 혼자 열흘간 동해안 일주를 다녀왔는데요. 다니다 보니 외롭기도 하고 무섭기도 하고……, 참 많은 감정이 들면서 생각도 많이 하게 되었어요. 여유를 느끼고 싶어서 무작정 떠난 여행이었는데, 여유는 고사하고 생존에 가까운 여행을 하게 되었지요.

여행 도중 매 순간 걱정과 불안이었는데, 마지막 목적지에 도착하고 나서 돌이켜 보니 살아 낸(?) 것에 대한 자신감이 생겨났습니다. 그런 좋은 경험을 다음에는 누군가와 같이 해 보고 싶다는 마음도 들고요.

정인애님은 일러스트레이터인데, 브롬톤이 작업에 영감을 주는 부분이 있나요?
정인애: 한강에서 자전거 페달을 굴리며 바라보는 풍경은 다른 세상처럼 보여요. 이어폰으로 음악을 들으며 보이는 풍경이 평소와 달라 보이는 것처럼 말이에요. 자전거로 느릿느릿 달리면서 보는 반짝이는 강물과 하늘을 나는 새들, 바람에 살랑살랑 잎사귀를 흔드는 나무들을 보면 제가 살던 삭막한 서울의 모습은 지워지고 여유롭고 편안한 기분만 들어요. 그게 작업에 직접적인 영감을 주는 건 아니지만 잠시라도 숨통이 트이고 활력이 생기지요. 그런 상태가 분명히 작업에도 영향을 미칠 거예요. 블로그에 가끔 연재하는, 저의 일상을 담은 만화 〈갸르릉갸르릉〉에 제 브롬톤이 등장합니다. 브롬톤은 정말 제 삶의 일부분이 되어 버렸어요.

공원이나 한강에서 종종 커플톤을 보곤 합니다. 특히 중년 부부의 커플톤을 보면 기분이 좋아져요. 두 분도 브롬톤과 함께 꿈꾸는 미래의 모습이 있을 것 같아요. 어떤 모습일까요?
정인애: 물론 다른 연인들처럼 저희도 미래의 모습에 대한 이야기를 종종 나누는데요. 나중에 아이를 낳으면 유모차 대신 자전거에 달 수 있는 트레일러를 사자 그리고 아이가 더 자라면 아이체어를 브롬톤에 달자, 이런

이야기들을 나눕니다. 육아용품을 자전거와 연계하고 싶어 합니다. 아이와 함께 자전거를 타고 싶어 하는 거죠. 현실적으로 얼마나 할 수 있을지는 그때가 되어 봐야 알 테지만 일단은 서로 쿵짝이 잘 맞습니다.

그리고 예전에 자전거를 20년 동안 잘 관리해서 타고 다니시던 백발 신사를 만난 적이 있는데, 굉장히 멋있다고 생각했어요. 자전거와 함께 나이 든다는 게 말이에요. 낡은 고물 자전거였지만, 애정이 듬뿍 담긴 친구처럼 말씀하셨거든요. 저와 제 남자 친구도 오랫동안 브롬톤과 세월을 함께하고, 먼 훗날 그분처럼 우리의 낡은 친구에 대해 말하고 싶어요.

이상진: 브롬톤을 알게 된 뒤 정신없이 달리던 생활을 잠시 내려놓고 여유를 좀 찾을 수 있었던 것 같아요. 사랑하는 사람과 공통의 관심사를 갖고 같이 즐길 수 있는 것을 찾는다면 브롬톤이 아니라도 행복할 수 있다고 생각합니다. 같은 곳을 바라보며 인생의 순간을 소중히 여길 수 있는 마음가짐만 있다면 말이에요.

집에서 일이 안되는 날에는 카페로 가요.

교통수단이자 내 친구인 브롬이도 동반 외출합니다.

하나　　　　둘　　　　셋

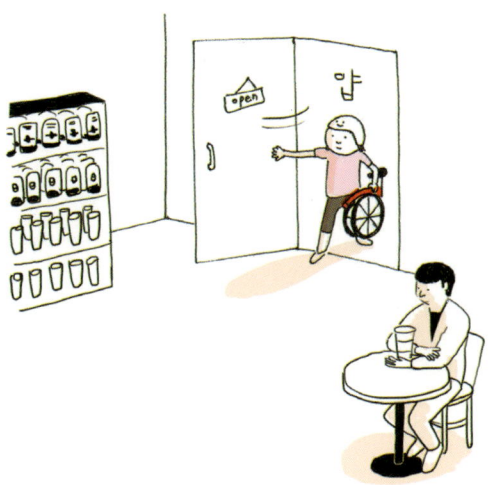

〈가르릉가르릉〉 중에서, 정인애

BWC: Brompton World Championship

2006년부터 시작된 BWC는 일 년에 한 번 브롬톤의 본고장 영국에서 열리는 브롬톤 경주 행사이다.
2006년, 2007년에는 스페인 바르셀로나에서, 2008년부터 2012년까지는 영국 중부 블레넘에서, 2013년부터는 영국 치체스터의 굿우드 모터 서킷에서 개최하고 있다.

매년 15개국에서 열린 예선을 거쳐 선정된 각국의 BWC 우승자를 포함해, 총 5백여 명의 브롬톤 유저들이 모여 13킬로미터가량의 코스를 달리게 된다. 경기 참가자들은 반드시 드레스 코드인 재킷과 넥타이를 착용해야만 한다. 이러한 룰은 BWCK 및 다른 국가의 브롬톤 챔피언십 행사에서도 동일하게 적용된다.
BWC는 단순한 자전거 경주 대회가 아니라 브롬톤이라는 매개체를 통해 영국의 클래식한 문화를 공유하는 문화의 장이라고 할 수 있기 때문이다.

브롬톤의 본고장인 영국을 중심으로 미국, 일본, 대만, 한국, 헝가리, 독일 등 16개국에서 매년 BWC 참가 예선이 열리고 있다.
애초 BWC는 브롬톤의 우수한 주행성을 알리기 위한 행사로 시작되었지만, 이제는 국경을 넘어 브롬톤이라는 문화로 하나가 되는 전 세계 브롬톤 유저들의 축제로 자리매김하였다.

BWCK: Brompton World Championship Korea

2012~2014년까지는 BKC라 불렸으나, 2015년부터 행사 명칭이 변경되었다.
브롬톤 한국 수입사인 산바다스포츠에서 주관하는 행사인 BWCK는 남자부와 여자부로 나뉘어 진행되며, 경기에 참가하려면 반드시 재킷과 타이를 착용해야만 한다.
주 행사인 경주를 비롯하여 베스트 드레서 선정, 브롬톤 폴딩 대회 등의 서브 행사가 있다.
경주에서 일등을 한 참가자에게는 영국에서 열리는 BWC에 참가할 수 있는 자격이 주어진다.
어찌 보면 BWCK는 BWC라는 메인 행사에 참가하기 위한 예선전 격이라 할 수 있다.
우리나라를 비롯한 총 16개국에서 매년 이러한 형태의 브롬톤 챔피언십 행사가 열리고 있다.

BROMPTON
RAW LACQUER

12

이 도시에서 때로는

초속 5센티미터의

속도로

한 지방의 모습을 가장 잘 알 수 있는
방법은 바로 자전거를 타고 가는 것이다.
왜냐하면 자전거를 타고 가면 언덕을
힘들게 올라가야 하고 내리막길을
달려 내려가야 하기 때문이다.
그래서 자전거를 타면 그 지방을 있는
그대로 기억하게 된다. 반면 자동차를 타고
가면 높은 언덕만이 인상에 남는다.
자동차를 타고 가면 자전거를 타고
지나가는 것만큼 그 지방에 대해
정확하게 기억하지 못한다.
- **어니스트 헤밍웨이** Ernest Miller Hemingway

두 바퀴로
걷는 일

　브롬톤을 만나고부터 마치 몸에 페달이 생긴 것처럼 두 바퀴가 갈 수 있는 곳이라면 어디든 쏘다니던 나는 어느 날인가부터 새삼스러운 공간으로 눈을 돌리기 시작했다. 이를테면 내가 사는 곳, 일하는 곳, 단골집, 근처 공원, 회사 업무로 오가는 곳, 출퇴근하며 다니는 길 등 아주 익숙한 공간들로 말이다. 브롬톤을 타고 나에게 익숙한 공간을 다니는 것은 곧 두 바퀴로 걷는 일이었다.

　두 발로 걷던 길을 브롬톤의 두 바퀴로 달리는 기분은 사뭇 남다르다. 자동차보다는 느리지만 걷는 것보다는 빠른 브롬톤의 속도, 그 친근한 속도로 달리다 보면 네 바퀴나 두 다리의 그것과는 다른 두 바퀴만의 시선으로 세상을 바라보게 된다. 두 바퀴로 걷자면, 계절마다 다르게 피는 꽃의 빛깔이 더 또렷하게 보이고, 철마다 다르게 익어 가는 과일들이 진열되어 있는 청과물 가게의 과일 풋내조차 무심히 넘길 수 없게 된다.

집으로 가는 무미건조한 지름길이 아닌, 조금 돌아가더라도 정겨운 그 길을 두 바퀴로 지나가 본다. 바빠 지나느라 늘 그냥 지나치곤 했던 일상의 풍경들은 브롬톤의 눈높이에서 바라보니 퍽 낯설게 다가온다. 종종걸음으로 바빠 지나던 거리도, 단골집이 있어 자주 드나들던 동네도, 회사 업무로만 다니던 곳도 자동차의 엔진이 아닌 내 엔진의 힘으로 움직일 때 특별한 의미가 된다.

일상이 선물로 변하는, 브롬톤의 안장 위에서 오늘도 기쁘게 세상을 본다.

서울
어반 라이딩

**TRAVEL
with
BROMPTON**

서울

내가 동네에서 브롬톤을 타고 다니는 방식은 주로 이러하다. 늘 한강을 향해 출발하고는 하지만, 한강을 가기 전 거치는 올림픽공원이 종종 고비가 된다. 이건 순전히 올림픽공원을 가로질러 가다 지나는 몇몇 카페 탓이다. 좀 더 정확히 말하자면 카페 인근에서 풍겨 나오는 진한 커피 향 때문이다. 한 군데 카페를 지나고, 또 한 군데……. 마지막 한 군데를 지날 때가 가장 고비다. 마지막 그곳에서 커피 향의 유혹을 이기지 못하면 핸들바를 카페로 돌리게 되는 것. 브롬톤을 폴딩하여 한 손에 들고 카페 안으로 들어선다. 폴딩한 브롬톤을 내 곁에 두고 커피 한 잔의 여유를 즐기는 것 또한 소소한 즐거움. 예전 같으면 자전거를 밖에 묶어 놓고 잘 보이는 곳에 앉아 '감시'하느라 제대로 커피도 못 마셨을 것이다. 그러니 이것 또한 폴딩 미니벨로인 브롬톤 유저의 특권이라고나 할까.

추운 날엔 일부러 브롬톤을 타고 카페로 간다. 단단히 무장해도 어느 한 틈으로 바람이 들어오곤 하는 그런 날씨에 굳이 브롬톤을 꺼내 드는 이

유는, 희한하게도 그렇게 마시는 커피가 더 맛있기 때문이다. 발그레해진 두 볼, 루돌프처럼 빨개진 코끝, 잔뜩 헝클어진 머리칼. 그런 모습으로 바람을 가르며 카페 안으로 들어가는 내 모습은 퍽 우스꽝스럽다. 하지만 따뜻한 커피 한 잔 머금으면 입 안 가득, 가슴 가득 크리스마스 같은 따스함이 퍼져 온다. 차가웠던 몸이 노곤하게 녹아내리며 얼음장 같던 손끝 발끝까지 따스한 기운이 퍼지면 라이딩의 피로와 추위에 움츠러들었던

어깨까지 부들부들해지며 온몸이 나른해진다. 내내 따뜻한 곳에 있다 마시는 커피와는 또 다른 맛의 커피. 이 맛을 잊지 못해 추운 날에도 브롬톤을 꺼내 드는 것이리라.

  그렇다고 늘 올림픽공원의 고비에서 무너져 버리는 것만은 아니다. 잔뜩 마음먹고 나간 날에는 올림픽공원을 가로질러 한강을 향해 힘껏 페달링을 해 본다. 미끄러지듯 시원한 내리막을 타고 내려가다 보면 드디어

탁 트인 한강의 풍경이 내 앞에 펼쳐진다. 가쁜 숨을 몰아쉬며 강바람을 강 내음을 온몸으로 느끼는 순간, '나오길 참 잘했다' 한다.

 봄날은 봄꽃을 따라, 여름날은 여름밤을 따라, 가을날은 가을바람을 따라 날아갈 듯 신 나는 페달링. 시원하게 뻥 뚫린 한강의 자전거 길을 브롬톤과 함께 달리다 보면 어디까지라도 계속 달려갈 수 있을 것만 같은 기분이 든다.

 시내 라이딩 시에는 나갈 땐 라이딩 돌아올 땐 점프, 반대일 경우도 있지만 대개 그런 식으로 점프와 라이딩을 적절히 섞어 가며 이동한다. 처음 브롬톤을 가지고 약속 장소에 나갔을 때가 떠오른다. 처음 브롬톤을 본 친구는 브롬톤이 짐스럽지 않을까 사뭇 걱정하면서도, 신기한 물건을 접한 어린아이처럼 브롬톤에 호기심을 보였다. 음식점에 들어가서도 카페에 가서도 우리 테이블 아래 쏙 들어가 얌전한 고양이처럼 웅크리고 있는 브롬톤을 힐끔힐끔 쳐다보더니, 헤어질 땐 폴딩 시범 요청을 하고 시승까지 할 정도로 관심을 보였다. 처음 브롬톤의 가격을 들었을 때도 "그 값이면 루이비통 백을 사는 게 낫지 않아?" 하며 약간의 비아냥 섞인 시선을 보이던 친구였는데, 헤어져서 돌아가는 길에는 문자메시지로 '그 자전거 이름이 뭐라 그랬지? 드럼통? 브롬톤? 이쁘긴 해'라며 새침한 관심을 보였다. 그러더니 그 친구, 요새 중고 브롬톤 매물을 알아보느라 분주한 모양이다. 주말마다 브롬톤과 함께 라이딩에 여행에 이래저래 바쁜 나를 보고 부럽다고, 널 만나려면 브롬톤을 사야겠다며 너스레를 떤다. 아무래도 조만간 브롬톤 유저가 될 것 같다, 이 친구.

  내가 밥을 먹을 때도, 커피를 마실 때도, 혼자일 때도, 친구와 함께일 때도, 늘 함께하며 나의 일상에 자연스레 녹아드는 브롬톤. 자동차보다, 버스보다, 지하철보다 조금 느리면 어떤가. 느릿느릿 더 많은 걸 보고 듣고 느끼며 천천히 오래오래 나의 속도로 나아가면 그만인 것을. 나의 속도로 충분하다는 걸 브롬톤에게서 배운다, 오늘도 이렇게.

INTERVIEW

브롬톤과 함께하는 아웃도어 라이프

박동영
(34세, 연구원)
M6R RL / RL 2013

안녕하세요, 까맣게 그을린 팔이 인상적이네요. 아웃도어 라이프를 즐기는군요.
네. 브롬톤과 함께 아웃도어 라이프를 즐기고 있습니다. 거의 매 주말 브롬톤 캠핑을 다니고 있는 것 같아요.

브롬톤과 아웃도어 라이프, 정말 잘 어울리는데요. 좀 더 구체적으로 말씀해 주시겠어요?
브롬톤과 함께 라이딩은 기본이고, 여행 및 캠핑을 즐기고 있습니다. 라이딩을 하는 경우 맛집이나 예쁜 장소를 정해서 당일치기로 여행을 합니다. 물론 가서 맛있는 음식도 먹고 옵니다. 지방 여행은 고속버스나 기차, KTX 등을 타고 그 지역으로 이동해서 도시 전체를 라이딩으로 여행하고 있습니다. 요즘은 매 주말 브롬톤을 타고 캠핑을 다니는데 그 매력은 정

말 최고입니다.

워낙 운동을 좋아하고 자연과 함께하는 캠핑을 선호해서 그런지 일반 자동차로 이동하는 오토캠핑보다 훨씬 매력적입니다.

브롬톤과 캠핑은 어떤 점이 서로 잘 맞는다고 생각하나요?

브롬톤의 완벽한 폴딩 능력은 캠핑 시 자전거 보관을 용이하게 해 줍니다. 텐트 앞 전실에 쏙 들어가 매우 간편하지요. 먼 곳으로 이동할 경우 고속버스, 기차 같은 대중교통의 이용도 수월합니다. 자전거가 아주 작게 접히니 캠핑을 떠날 때 보관 및 이동에 부담이 없다는 게 최고의 장점이라고 생각합니다. 아, 캠핑장에서 화장실에 가거나 슈퍼마켓에 급히 물건을 사러 갈 때도 아주 유용하고요.

브롬톤을 타며 달라진 라이프 스타일에 대해 이야기해 주세요.

브롬톤을 타면서 라이프 스타일이 180도 바뀌게 되었습니다. 예전에는 주말에도 친구들 만나 맥주나 한 잔 하면서 시간 때우는 게 전부였는데요. 브롬톤의 매력에 빠지면서 주말이면 브롬톤을 타고 라이딩과 여행을 하는 것이 일상이 되어 버렸습니다. 친구들과 술 한 잔 하던 주말이 운동을 하고 좋은 곳에 가고 좋은 것을 먹고 좋은 사람들까지 만나는, 에너지 넘치는 주말로 변했습니다.

혹시 브롬톤을 타기 전에 다른 자전거를 탔었나요? 그렇다면 어떤 자전거였나요?
첫 자전거는 친한 친구의 추천으로 구매하게 되었는데요. 로드의 속도감과 미니벨로의 콤팩트함을 적당히 합쳐 놓은 미니스프린터였습니다.

미니스프린터를 타다 브롬톤으로 넘어오니 어떤 점이 좋은가요?
브롬톤의 완벽한 폴딩력으로 주말뿐만 아니라 평일에도 지하철, 버스 등 대중교통 이용이 가능하게 되었고, 음식점이나 카페 어디든 가지고 들어갈 수 있기 때문에 도난 걱정을 할 필요가 없게 되었습니다. 기존에 타던 미니스프린터에 비해서 휴대성과 보관성이 월등히 뛰어난 장점 때문에 자전거를 타는 횟수가 더욱 늘어나게 되었지요. 그러다 보니 어느 정도 거리는 차를 타지 않고 브롬톤으로 이동하는 것이 습관이 되어서 건강도 더 좋아졌습니다.

앞으로 브롬톤을 타고 떠나고 싶은 곳이 있다면요?
브롬톤을 타고 일본 여행을 한 적이 있는데요. 기회가 된다면 브롬톤과 함께 더 많이 외국 여행을 떠나고 싶습니다. 다음 여행지가 어디가 될지는 아직 모르겠지만요.

라이딩 시 응급 상황에 대비하는 라이더의 자세

1_ 브롬톤의 투어링용 프론트백인 T백

2_ 휴대용 접이식 의자

3_ 간단한 정비가 가능한 툴킷

4_ 타이어 펑크 정비용으로 쓰는 일명 '타이어 주걱'

5_ 타이어 펑크에 대비하여 가지고 다니는 튜브

6_ 미니 펌프

7_ 2014 BKC 로고가 새겨져 있는 한정판 트레킹 패드

BROMPTON
WHITE

13

눈 오는 날,

브롬톤은 접어 두고

배낭을 들쳐 메고

신은 인간이 힘든 인생길에서
수고와 기쁨을 함께 나눌 수 있는 도구로
자전거를 만들었다.
- **알베르트 아인슈타인** Albert Einstein

겨울엔 아찔하게 백패킹

　　사락사락 눈 오는 소리에 살풋 잠에서 깨었지만, 좀처럼 이불 속에서 나오고 싶지 않은 겨울날. 밖은 아직 어둡고, 이불 속은 따끈한 온기로 가득하며, 창밖엔 눈이 내리고 있다. 일어나기 싫어 베개에 얼굴을 묻어 보기도 하고 이불로 몸을 돌돌 말아 보기도 하지만 오늘은 일어나야만 한다. 이렇게 눈 오는 날엔 브롬톤의 두 바퀴가 아닌 나의 두 다리로 영차영차 배낭 하나 짊어지고 떠나 본다.

　　배낭 하나에 모든 것을 담는 백패킹. 브롬톤 캠핑 때 브롬톤과 나누어 짊어졌던 짐을 오롯이 나의 어깨로만 견뎌야 한다. 지난밤 배낭 가득 꾹꾹 눌러 담은 짐이 내 어깨를 짓누른다. 곡소리가 절로 나는 배낭의 무게

가 원망스럽지만, 그렇다고 다시 생각해 보아도 역시 무엇 하나 뺄 것이 없다. 나는 여전히 너무 무거운가.

체온 유지를 위해 페이스트리마냥 얇은 옷을 몇 겹씩 입고, 중등산화의 끈을 바짝 조여 매고서는 한 걸음 한 걸음 걸어간다. 혹여 눈길에 미끄러질까 살풋 조심스러운 걸음. 두 바퀴로 굴러가던 길을 두 다리로 걷는 데다 어깨에는 아이 한 명 무게에 육박하는 배낭이 떡하니 올라앉아 있다. 브롬톤을 타고 갈 때보다는 느리지만, 브롬톤으로는 올 수 없을 이곳 설산의 풍경을 잊지 않으려고 가만가만 두 눈에 담아 본다.

잠시 쉬어가는 길, 배낭을 내려놓고 숨을 깊게 들이마시니 내 속에 가득 들어차는 맑은 공기. 이게 얼마만의 맑음인지. 이렇게 실컷 숨을 들이마셔 본 것이 얼마 만인지. 머릿속이 아찔해질 정도로 쨍한 겨울 공기에 차오르던 숨도 가쁘던 호흡도 이내 조용조용 잦아든다. 오직 자연과 나뿐인 이곳에서 누구도 서두르라 채근하지 않는 이곳에서 여유를 충전해 본다. 그 힘으로 다시 배낭을 짊어지고 나아간다. 앞으로 앞으로.

우리는 적당한 곳을 찾아 눈삽으로 텐트 칠 곳을 정돈하고, 오늘의 집을 짓고, 밥을 짓는다. 넓지는 않아도 우리들의 공간에 오순도순 모여 앉아 뜨끈한 국물 한 입 들이켜고 나면, 오늘의 피로도 눈 녹듯 사라진다. 무얼 먹어도 꿀맛처럼 느껴지는 오늘 밤.

또다시 사락사락 눈 오는 소리에 살풋 깬 잠. 밤새 내린 눈에도 우린 무사했고, 얇은 텐트 천은 우리의 지붕이 되어 겨울밤의 여행자들을 지켜주었다. 어제는 이불 속이었는데, 오늘은 침낭 속이다. 눈 오는 소리를 가만가만 들어본다. 아직도 따뜻한 핫팩을 손에 꼭 쥐고 조심스레 텐트 문을 여니, 세상은 온통 새하얀 겨울의 빛깔로 가득 차 있다. 비록 텐트 안의 모든 것은 꽁꽁 얼어 버렸지만, 젖은 텐트를 말릴 일도 아득하지만, 이상하게 걱정을 앞서 밀려드는 안도감. 새하얀 이 계절, 하룻밤 정도는 나도 자연 속에서 함께했다는 그런 안도감인 걸까. 아니면 밤새 펑펑 내린 눈 속에서 무사함을 확인한 안도감인 걸까.

아니 온 듯 뒷정리를 하고 다시 배낭을 짊어진다. 한결 가벼워진 배낭을 이고 가는 발걸음 역시 가뿐하다. 짊어지고 온 것들을 내려놓은 자리마다 위안의 빛이 들어찬다. 이렇게 또 산에게 하루를 빚지고 간다.

에필로그

당신과 달리고 싶다

브롬톤 이야기를 쓰고 있다 생각했는데, 어느 순간 돌아보니 그 속엔 내가 있었다. 브롬톤의 두 바퀴를 굴려 가며, 브롬톤을 수없이 펼쳤다 접었다 하며 울고 웃던 지난날의 내가 오롯이 담겨 있었다. 어찌 보면 그저 자전거 한 대가 내 곁에 온 것뿐인데, 작은 두 바퀴의 브롬톤이 내 삶에 들어온 이후 참 많은 것이 달라졌다.

어떤 날은 나도 브롬톤처럼 웅크려 있고 싶을 정도로 작아질 때가 있었고, 그렇게 마음이 한없이 쪼그라진 날에는 브롬톤을 타고 밖으로 나갔다. 즐거울 때나 우울할 때나 늘 브롬톤을 찾곤 했다. 나는 그렇게 돼 버렸다.

고마운 내 친구 브롬톤에게 내가 가장 잘할 수 있는 방법으로 보답하려 한 마음에서 시작된 이 책.

어쩌면 삶도 이렇게 자전거와 같은지. 혼자서는 살아갈 수 없는 것처럼, 외발로는 달리기 어려운 것처럼, 이 책이 나오기까지 정말 많은 이들의 도움이 있었다. 나 혼자였다면 외발자전거처럼 제대로 균형을 잡지 못하고 흔들흔들 위태로웠을지 모르겠다. 하지만 그들의 도움이 있었기에 나는 온전히 두 바퀴로 균형을 잡고 여기까지 달려올 수 있었다. 아직도 작은 열매에 불과한 이야기에 귀 기울여 준 당신과 동글동글 브롬톤의 두 바퀴로 달리고 싶다, 언젠가.

시작은 브롬톤
ⓒ 블리

1판 1쇄 인쇄 2016년 05월 26일
1판 1쇄 발행 2016년 06월 02일

글쓴이 블리 | 사진 빅초이 | 펴낸이 김해연
책임편집 조정원 | 디자인 앨리스인드림
정보 감수 (주)산바다스포츠 | 자료 제공 Brompton Bicycle Ltd
인쇄 및 제본 데이타링크

펴낸곳 프로젝트A
출판등록 2013년 3월 14일 제311-2013-000020호
주소 122-906 서울시 은평구 백련산로 14길 15 B02호
대표전화 02-359-2999 | 팩스 02-6442-0667 | 전자우편 haiyoun1220@daum.net

ISBN 979-11-86912-06-5 13810

- 책값은 뒤표지에 있습니다.
- 잘못된 책은 구입하신 서점에서 교환해 드립니다.
- 이 도서의 국립중앙도서관 출판예정도서목록(CIP)은 서지정보유통지원시스템 홈페이지(http://seoji.nl.go.kr)와 국가자료공동목록시스템(http://www.nl.go.kr/kolisnet)에서 이용하실 수 있습니다. (CIP제어번호 : CIP2016013014)